48 GESCHICHTEN, SCHÖNE ORTE UND KOSTENLOSE ATTRAKTIONEN

HOLMSLAND UND DER UMGEBUNG AN DER WESTKÜSTE JÜTLANDS IN DÄNEMARK

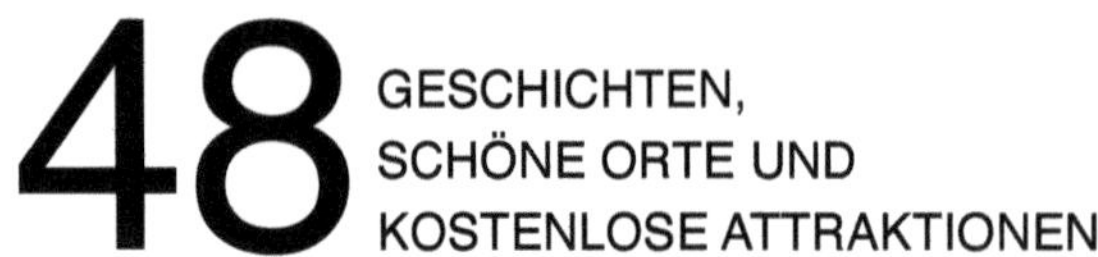

HOLMSLAND UND DER UMGEBUNG AN DER WESTKÜSTE JÜTLANDS IN DÄNEMARK

Autor: Kenneth Jensen
Fotograf: Magic Moments by Marianne
Forsidefoto: Rettungsstation Nymindegab
Verlag: BoD - Books on Demand, Hellerup, Dänemark
Print: BoD - Books on Demand, Norderstedt, Deutschland
ISBN: 9788743058335

INHALTSVERZEICHNIS

VORWORT

Das Buch "48 Geschichten, schöne Orte und kostenlose Attraktionen" ist ein wunderbares kleines Buch, das die schöne Holmsland und der Umgebung an der Westküste Jütlands in Dänemark erkundet und das Sie als Reiseführer verwenden können, um eine kostenlose Attraktion in der Nähe zu finden.

Sie können entweder der Route des Autors durch die Gegend folgen oder das Buch als Referenz für Ihre eigene Reise verwenden. Wie bereits erwähnt, sind die Sehenswürdigkeiten kostenlos und sorgfältig ausgewählt, so dass für jeden etwas dabei ist.

Wir besuchen viele verschiedene Orte, von wunderschöner Natur bis hin zu alten Gebäuden und historischen Denkmälern. Viele der Orte sind nicht in den üblichen Reiseführern beschrieben, sondern sind vergessene Orte, kleine Juwelen, die der Autor wiederentdeckt hat.

Das Buch erzählt alte Geschichten neu, die sonst in Vergessenheit geraten sind. 48 großartige Geschichten, einige historisch, einige tragisch, einige spannend und einige lustig. Sie haben alle mit den Orten zu tun, die man besuchen kann, sie sind kurz und machen die Orte für die ganze Familie spannend.

Der Autor hat es geschafft, mich an Orte zu bringen, von denen ich nie gedacht hätte, dass ich sie sehen würde.

Ich hoffe, dass auch Sie als Leser von den Geschichten, der Natur, den Gebäuden und Denkmälern fasziniert sein werden, die Sie in die schöne Holmsland und der Umgebung an der Westküste Jütlands in Dänemark erwarten.

Viel Spaß beim Lesen und gute Fahrt!

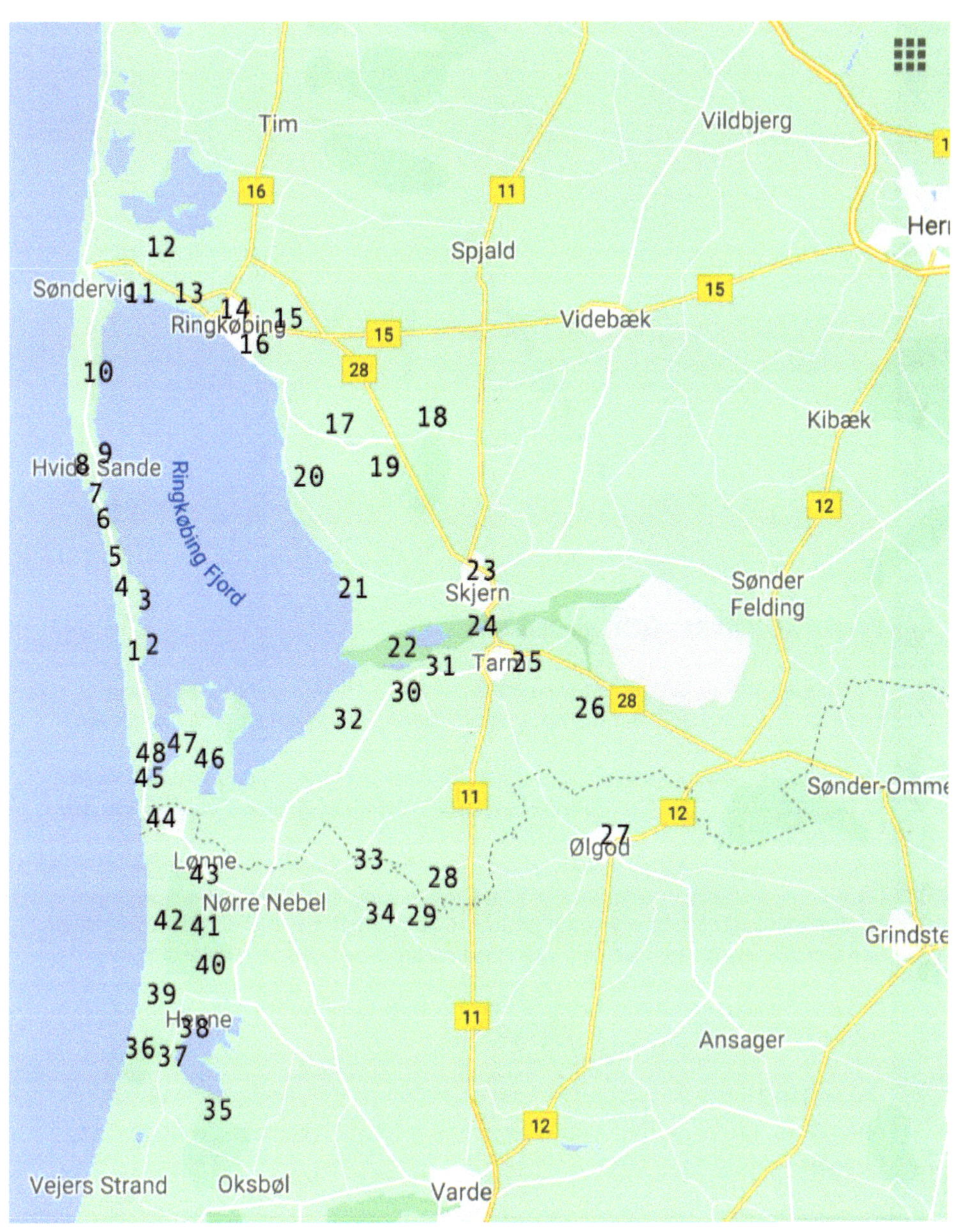
Tim
Vildbjerg
16
11
Spjald
12
Søndervig
11
13
14
Ringkøbing
15
16
15
15
Videbæk
28
10
17
18
Kibæk
8
9
Hvide Sande
Ringkøbing Fjord
20
19
7
6
12
5
23
Skjern
4
3
21
Sønder
Felding
24
1
2
22
31
Tarm
25
30
26
28
32
48
47
46
45
11
Sønder-Omme
12
44
27
Ølgod
Lønne
43
33
28
Nørre Nebel
42
41
34
29
40
39
Henne
38
11
Ansager
36
37
35
12
Vejers Strand
Oksbøl
Varde

01 HAURVIG BAKE

Wahrzeichen der Westküste

Entlang der Westküste Jütlands wurden zwischen 1884 und 1885 25 Baken installiert, um den Schiffen die Navigation entlang der Westküste zu erleichtern.

Zu dieser Zeit war der Seeverkehr der einfachste und schnellste Weg, um Waren zu transportieren. Der Schiffsverkehr an der Westküste Jütlands nahm Ende des 19. Jahrhunderts zu.

Es war immer noch ein gefährliches Fahrwasser für die Schiffe. Die Navigationsausrüstung war noch primitiv oder gar nicht vorhanden, und Hunderte von Schiffen kenterten, weil sie ihre Position auf See falsch einschätzten.

Um den Seeleuten die Navigation in der Nordsee zu erleichtern, wurden Seezeichen, auch Baken genannt, errichtet.

Die ersten 10 Baken wurden im Herbst 1884 von Blåvand bis Thyborøn aufgestellt. Im folgenden Jahr wurden die letzten 15 Baken von Agger bis Skagen aufgestellt.

Der Name "bake" stammt von dem alten Wort "Bavn", was so viel wie Holzhaufen bedeutet, der bei stürmischem Wetter auf einer hohen Düne angezündet wurde, um die Seeleute zu warnen, sich nicht zu nahe an die Küste zu begeben.

Natürlich konnte das Feuer nichts darüber aussagen, wo man sich befand.

Ein “Bavn” wurde auch im Mittelalter verwendet, wenn der König unter anderem ein schnelles Signal im ganzen Land senden wollte. Die Feuer wurden auf speziell ausgewählten “Bavne”-hügeln im ganzen Land entzündet.

In Haurvig wurde das 12 Meter hohe Bake auf dem Bavnebjerg errichtet, etwa 900 Meter vom Meer entfernt.

Von den ursprünglich 25 Baken entlang der Westküste sind heute noch 12 erhalten. Der Bake in Blokhus ist jedoch eine Rekonstruktion aus dem Jahr 2006. Die ursprüngliche Bake war 1944 abgerissen worden.

Der Bake in Haurvig wurde 1998 unter Schutz gestellt.

SØNDER KLITVEJ 140, 6960 HVIDE SANDE

02 VINTERLEJE HAFEN

Winterliegeplatz der Schiffseigner im Fjord

Der kleine Fjordhafen in Vinterleje liegt wunderschön am Ringkøbing Fjord.

Im 18. und 19. Jahrhundert waren viele Ringkøbinger Kaufleute auch Schiffseigner, die mit ihren Handelsschiffen Waren von und nach Norwegen und Holland transportierten.

Sie fuhren mit Getreide und Vieh aus Westjütland hinaus und brachten u. a. Kohle und Eisen zurück.

Im Winter legten die Handelsschiffe an der Vinterleje Banke in Sønder Haurvig an, dem damals südlichsten Anlegeplatz im Fjord.

Der Hafen von Vinterleje selbst wurde in den frühen 1900er Jahren mit einem Sandpumpenschiff gebaut. Haurvigrenden wurde im gleichen Zeitraum gebaut, indem das Sandpumpschiff viele Tonnen Sand abpumpte.

Damals konnte man von Hvide Sande bis nach Nymindegab segeln.

Heute wird der Vinterleje Hafen hauptsächlich von Freizeitfischern genutzt, die im Ringkøbing Fjord ein paar Fische fangen. In der Nähe von Hvide Sande kann man vor allem Salzwasserfische fangen.

Weiter unten in Richtung Nymindegab ist es möglich, Süßwasserfische zu fangen. Süßwasserfische kann man auch bei Bagges Damm, im Ringkøbing Hafen und an der Mündung der Skjern Ås fangen. Besonders gute Chancen auf einen guten Fang gibt es am Nymindegab.

Der Unterschied ist auf den unterschiedlichen Salzgehalt des Wassers im Fjord zurückzuführen. An der Schleuse in Hvide Sande wird der Wasserstand reguliert und Salzwasser in den Fjord geleitet, wodurch das Wasser in diesem Gebiet einen höheren Salzgehalt aufweist. Der Ringkøbing Fjord wird daher als flacher Brackwasserfjord bezeichnet, da sowohl Salzwasser aus der Nordsee als auch Süßwasser im Fjord vorhanden ist.

Gleich hinter dem Vinterleje Hafen befindet sich ein Aussichtshügel, von dem aus man einen tollen Blick auf den Fjord hat.

VINTERLEJEVEJ, 6960 HVIDE SANDE

03 HAURVIG KIRCHE

Teil eines weltgeschichtlichen Ereignisses

Am 19. Juli 1918 wurde Weltgeschichte geschrieben. Zum ersten Mal überhaupt wurde ein Luftangriff von einem Flugzeugträger aus durchgeführt.

Etwa 30 Kilometer westlich des Lyngvig Leuchtturms lag der britische Flugzeugträger HMS Furious. Am frühen Morgen starteten sieben Sopwith Camel Flugzeuge vom Flugzeugträger und flogen in Richtung Südosten.

Das Ziel war der deutsche Luftschiffhafen in Tønder. Der Angriff war erfolgreich, aber der Stützpunkt wurde nicht wesentlich beschädigt. Von den sieben britischen Piloten überlebten alle bis auf einen.

Der junge Pilot Leutnant Yeulett legte auf dem Rückweg eine Bruchlandung in der Nordsee hin und kam dabei leider ums Leben.

Seine Leiche wurde Ende Juli in der Nähe von Årgab gefunden. Am 4. August 1918 wurde er auf dem Friedhof von Haurvig beigesetzt, wo er bis heute ruht.

Die Haurvig Kirche ist keine alte Kirche. Im Jahr 1869 wurde hier eine Kapelle aus braunem Stein mit einem Schieferdach gebaut. Das Material für den Bau wurde über den kleinen Fjordhafen hinter der Kirche eingeschifft.

Die erste Kirchenglocke saß über dem Ostgiebel. Später endete diese kleine Kirchenglocke als Auktionsglocke der Fischauktion in Hvide Sande.

Im Jahr 1947 wurde die Kirche restauriert, ein Kirchturm mit einer Glocke angebaut und ein Ziegeldach aufgesetzt. Außerdem wurde die Kirche weiß gestrichen.

Die Kanzel im Inneren der Kirche erinnert an das Steuerhaus der alten Fischerboote. Zwei Kirchenschiffe sind in der Kirche aufgehängt.

Neben Leutnant Yeulett aus dem Ersten Weltkrieg sind auf dem Haurvig Friedhof noch mehrere andere britische Piloten begraben, die alle im Zweiten Weltkrieg gefallen sind.

Eine einsame, schöne und ungewöhnliche Kirche in schöner Umgebung am Fjord.

SØNDER KLITVEJ 109, 6960 HVIDE SANDE

04 DAS MISSIONSHAUS

Gethsemane

In Haurvig am Klitvejen steht eines der ältesten Missionshäuser Dänemarks, das noch immer in Betrieb ist.

Der Bau des Missionshauses hat eine eher traurige Geschichte.

Im Frühjahr 1896 legten die örtlichen Fischer ihre Boote am Strand aus, um zu fischen. Das Wetter war gut, und so fuhren sie weit hinaus, in der Hoffnung auf einen guten Fang.

Doch bevor sie wieder am Strand ankamen, zog ein Sturm auf. Das letzte Boot wurde von der Brandung zerdrückt und vier Fischer ertranken.

Diese Tragödie löste auf Klitten eine religiöse Erweckung aus. Viele Einheimische wurden gläubig, und schon bald gab es in den Häusern keinen Platz mehr für religiöse Treffen und Versammlungen.

Man brauchte einen Ort, an dem viele Menschen zusammenkommen konnten.

Deshalb wurde das Missionshaus Haurvig, genannt Getsemane, gebaut und am 23. Oktober 1899 eingeweiht.

Neben der Haurvig-Kirche wurde das Missionshaus zum Zentrum des geistlichen Lebens im südlichen Teil von Holmsland Klit mit Versammlungen, Missionswochen, Jugendtreffen und Sonntagsschulen.

Vor einigen Jahren wurde eine gründliche Renovierung des inzwischen baufälligen Missionshauses in Angriff genommen, um es wieder in neuem Glanz erstrahlen zu lassen. Die Arbeit wurde von Freiwilligen geleistet, und das Geld kam aus Spendenaktionen und verschiedenen Stiftungen.

Die schlichte und spartanische Einrichtung des Missionshauses mit dem Rednerpult in der Mitte zeigt, dass das Wort und der Gesang im Mittelpunkt des Missionshauses stehen.

Gethsemane auf dem Ölberg in Jerusalem war der Ort, an dem Jesus nach dem Neuen Testament die Nacht vor seiner Kreuzigung verbrachte und betete.

,SØNDER KLITVEJ 99, 6960 HVIDE SANDE

05 RETTUNGSSTATION HAURVIG

Die Raketen retteten Leben

Die Rettungsstation in Haurvig erinnert an die tapferen Retter, die Seeleuten in Seenot halfen.

Die Geschichte der Rettungsstation begann im Jahr 1860. Zunächst waren es nur ein paar Rettungsraketen, die auf dem benachbarten Bauernhof Abelines Gaard gelagert wurden.

Aber 1882 wurde das kleine Gebäude errichtet. Hier wurden die Rettungsraketen in Zukunft gelagert. Das große Bootshaus wurde 1887 angebaut. Das Bootshaus diente zur Aufbewahrung eines Rettungsbootes der Orlogsværftet in Kopenhagen.

Beide Gebäude sind mit ihrer Architektur und den grünen Toren mit dem aufgemalten Dannebrog sehr markant.

Im Jahr 1933 wurde die Rettungsstation stillgelegt, da der neu gebaute Hafen in Hvide Sande mit seinem neuen Motorrettungsboot die Rettungsarbeiten übernahm.

Die Rettungsstation Haurvig hat im Laufe der Jahre bei 15 Rettungsaktionen 64 Seeleute in Not gerettet. Alle wurden mit Hilfe der modernen Raketenausrüstung gerettet.

Wenn Schiffe in Seenot waren, die sich in Küstennähe befanden, vielleicht ein paar hundert Meter vom Strand entfernt, stellten die Retter die Raketenausrüstung auf. Die Raketen waren etwa 2,5 Meter lang und wurden vorzugsweise in einem Winkel von 30-40 Grad abgefeuert.

Die Absicht war, die Raketen an einer Schnur zu den in Seenot geratenen Schiffen hin abzufeuern. Wenn eine Schnur von den Matrosen erfasst wurde, konnten ein Seil und ein Rettungsstuhl zum Schiff gezogen werden.

Dann konnten die Seeleute einer nach dem anderen an den Strand in Sicherheit gebracht werden, auch wenn es eine sehr gefährliche Fahrt durch die Wellen war.

Für die Retter war es eine große Herausforderung, am Strand zu stehen und zu versuchen, die explosiven Raketen mit Schnüren zu den in Not geratenen Schiffen zu bringen. Es war oft dunkel, stürmisch und kalt.

SØNDER KLITVEJ 72, 6960 HVIDE SANDE

07 AARGAB BAKE

Verschiedene geometrische Formen an der Spitze

Nach dem Bake in Haurvig ist der Bake in Aargab, kurz vor Hvide Sande, der nächste in der Reihe.

In Aargab wurde der 12 Meter hohe Bake bei Karen Brands Bjerge errichtet, etwa 500 Meter vom Meer entfernt.

Allen Baken, die an der Westküste Jütlands standen, war gemeinsam, dass sie dreibeinig waren und hoch in der Landschaft standen. Ursprünglich waren die Beine aus Holz, aber etwa 10 Jahre nach ihrer Errichtung wurden sie durch Stahlbeine ersetzt. Die Holzbeine neigten dazu, bei starkem Wind zu schwanken.

Die rote Spitze war von Stall zu Stall unterschiedlich. Die Spitze eines jeden Bakes hatte eine andere geometrische Form.

Der Bake in Haurvig ist zum Beispiel pyramidenförmig, während der Bake hier in Aargab eine völlig andere geometrische Form hat.

Das Bakensystem war sehr einfach. Auf den Seekarten der Seeleute wurde der Standort der Baken mit einer Zeichnung der geometrischen Form der Spitze markiert.

Wenn die Seeleute eine Bake mit einer pyramidenförmigen Spitze sahen, konnten sie auf ihren Karten erkennen, dass sie sich in den Gewässern vor Haurvig befanden. Natürlich war dies bei Dunkelheit nicht möglich.

Zusammen mit anderen Maßnahmen trugen die Baken dazu bei, dass die Schiffe die Gewässer entlang der jütländischen Westküste leichter und sicherer durchfahren konnten.

Dennoch gab es immer noch einige Schiffe, die die Baken verwechselten und kenterten, aber das waren die Ausnahmen.

Die Baken haben keine Bedeutung mehr für den Schiffsverkehr, aber die verbliebenen Baken durften stehen bleiben, und 11 der 12 verbliebenen Baken sind jetzt geschützt.

Der Bake in Aargab wurde im Frühjahr 1997 geschützt.

SØNDERGADE 114, 6960 HVIDE SANDE

08 VESTLED

Der rote Platz

Hvide Sande hat einen sehr schönen Strand zwischen den beiden langen Molen südlich des Ortseingangs.

Das erste, was einem auffällt, wenn man am Parkplatz ankommt, ist der große rote Platz, der sich vom Parkplatz durch die Dünen zum Strand hinunterschlängelt.

Dass es sich dabei um ein Kunstwerk handelt, ist den meisten Menschen auf dem Weg hinunter an den schönen Strand wahrscheinlich nicht bewusst.

Das große Kunstwerk mit dem Namen Vestled wurde 2006 von der Künstlerin Marianne Hesselbjerg, dem Architekten Carsten Juel-Christiansen und den Landschaftsarchitekten Schønherr geschaffen.

Die Fläche des Kunstwerks beträgt rund 1 350 Quadratkilometer. Im Jahr 2013 wurde das Kunstwerk leicht erweitert.

Die roten Steine sind von einer Betonkante umrahmt und werden auf die gleiche Weise gebrannt, wie früher die Steine für die Dünenfarmen gebrannt wurden.

Beachten Sie, wie die Steine auf dem Weg hinunter zum Strand über die Dünen kriechen.

Auf der anderen Seite der Dünen befindet sich ein weiterer Teil des Kunstwerks.

Es handelt sich um eine 28 Meter lange Bronzeskulptur, die dem Meer zugewandt ist. Sie ist fast wie eine lange, dicke Linie auf dem Sand der Dünen.

Die Bronzeskulptur ist wie ein schweres Treibholz, ein kleines Stück des Horizonts, das an den Strand gespült wurde.

Das Kunstwerk Vestled ist funktional, denn man kann auf der Bronzeskulptur sitzen, und der Platz mit den vielen Steinen ermöglicht es Rollstuhlfahrern und Kinderwagen, an den Strand zu gelangen.

TUNGEVEJ 7, 6960 HVIDE SANDE

09 BUNKER AM TROLDBJERG

Die Deutschen hatten ein Auge auf Holmsland

Auf dem Gipfel des Troldbjerg in Hvide Sande gibt es deutliche Spuren der deutschen Besetzung Dänemarks von 1940 bis 1945.

Die Deutschen bauten auf dem Gipfel einen Beobachtungsbunker und einen Bunker für die Besatzung.

Der Beobachtungsbunker sollte als deutscher Beobachtungsposten für den Fall eines alliierten Invasionsversuchs in Hvide Sande oder Holmsland Klit dienen.

Er hat zwei Meter dicke, eisenbewehrte Betonwände, eine Panzertür und Einschusslöcher. Die gepanzerte Kuppel auf dem Dach diente als Beobachtungsposten. Man beachte die Beobachtungsschlitze in der Kuppel.

Der Beobachtungsbunker sollte auch der Küstenbatterie in Stauning, östlich des Ringkøbing Fjords, helfen, das Geschützfeuer an die richtige Stelle zu lenken und zu überwachen, ob es das Ziel traf.

Der Mannschaftsbunker hat 1,5 Meter dicke, eisenbewehrte Betonwände und eine Panzertür. Er war für die Unterbringung von sechs deutschen Soldaten ausgelegt.

Anfang 1945 waren rund 240 deutsche Soldaten in Hvide Sande stationiert, die meisten von ihnen von der Wehrmacht.

Südlich des Eingangs von Hvide Sande wurde außerdem ein Mannschaftsbunker errichtet, und zum Strand hin wurden einige kleinere Geschützstellungen gebaut.

Auf dem Gipfel des Troldbjerg steht auch ein Signalmast, der von 1937 bis 1989 in Betrieb war.

Der Signalmast diente dazu, den Fischern den Wasserstand in der Einfahrt nach Hvide Sande anzuzeigen, damit sie besser in die richtige Richtung steuern konnten.

Von der Spitze des Troldbjerg aus hat man einen tollen Blick über weite Teile von Hvide Sande.

TROLDBJERGVEJ 2, 6960 HVIDE SANDE

10 DEUTSCHER HAFEN

Der neue Hafen in Deutschland

Der deutsche Hafen (Tyskerhavnen) in Hvide Sande hat nichts mit den Weltkriegen zu tun, auch wenn es der Name vermuten lässt.

Bevor der deutsche Hafen 1912 gebaut wurde, hieß das Gebiet aus unbekannten Gründen Deutschland (Tyskland). Der Name lässt sich bis in die 1800er Jahre zurückverfolgen.

Der Grund für den Bau des Hafens war der Zugang und die Anlandung von Baumaterialien.

Es wurde viel Baumaterial benötigt, da hier ein großes Projekt im Gange war. Zunächst wurde ein Kanal von der Nordsee zum Ringkøbing Fjord gegraben, und später wurde ein Schleusensystem gebaut.

In den frühen 1930er Jahren begann sich Hvide Sande rund um die Schleuse und den Kanal zu entwickeln. Zur gleichen Zeit begannen Fischer aus Westjütland, den Tyskerhavnen zu nutzen.

Die alten Geräteschuppen der Fischer stehen noch immer am Hafen und sind ordentlich in vier Reihen angeordnet. Die Farben der Geräteschuppen sind meist rot, blau oder grün.

Von Tyskerhavnen aus wird nur noch wenig gefischt, aber die meisten der Geräteschuppen werden heute als Kunstgalerien oder kleine Ferienhäuser genutzt.

Wenn Übernachtungsgäste mehr Wert auf Luxus legen, können sie in den schönen Hausbooten im Hafen übernachten.

In einem der alten Geräteschuppen gibt es eine Künstlerresidenz namens ART 56. Hier kann ein Künstler vierzehn Tage lang wohnen und sich in aller Ruhe in seine künstlerische Arbeit vertiefen.

Besucher sind natürlich herzlich eingeladen, die Entstehung des Werkes zu verfolgen.

Machen Sie einen Spaziergang durch die Reihen zwischen den Häusern und achten Sie auf die kleinen Details, die noch an den alten Geräteschuppen der Fischer zu sehen sind.

Æ GAMMEL HAVN 9, 6960 HVIDE SANDE

06 LYNGVIG HAFEN

Der kleine Hafen im Fjord

Die Geschichte des Lyngvig Hafens ist mit dem Lyngvig Leuchtturm verbunden.

Nachdem im Jahr 1903 24 norwegische Seeleute bei einem Schiffsunglück vor der Küste ums Leben gekommen waren, wurde beschlossen, in Lyngvig einen Leuchtturm zu bauen, damit die Schiffe besser navigieren konnten.

Um die Baumaterialien zum Leuchtturm zu bringen, musste in Lyngvig ein Hafen gebaut werden, der dem Fjord zugewandt war.

Die Baumaterialien wurden auf Lastkähnen zum Kai geschippert und dann mit Pferdekutschen die etwa 2,5 Kilometer bis zum Leuchtturm transportiert.

Der Hafen wurde um 1905 gebaut, und der Lyngvig Leuchtturm wurde 1906 fertiggestellt.

Danach übernahmen die Fjordfischer nach und nach den Hafen, da sie hier vor der Nordsee und dem Ringkøbing Fjord geschützt waren.

Der Hafen von Lyngvig bietet Platz für etwa 50 kleine Fischerboote, Beiboote, Lastkähne oder Jachten.

Es gibt nicht mehr viele hauptberufliche Fischer, da die Zeiten für die Kleinfischerei ungünstig sind, aber ein paar ältere Fischer sind noch dabei.

Andere betreiben den Fischfang als Nebenerwerb und erzielen damit ein kleines Einkommen.

Es gibt immer noch einen Trockenplatz mit Stangen, wo die Fischer ihre Netze trocknen und reparieren. Die alten Geräteschuppen der Fischer stehen noch immer hier und werden hauptsächlich zur Lagerung von Fischereigeräten genutzt.

Die Mischung aus Fischerbooten, Yachten und Besuchern sorgt für ein abwechslungsreiches und authentisches Leben in dem schönen Fjordhafen.

Wenn Sie ein Fischerboot mit Fisch in den Kisten einlaufen sehen, besteht oft die Möglichkeit, ein paar frische Fische zu einem sehr günstigen Preis zu kaufen.

LYNGVIG HAVNEVEJ 23, 6960 HVIDE SANDE

11 BAGGES DAMM

Ein gescheitertes Projekt

Im Jahr 1844 beantragte Søren Hansen Bagge die Genehmigung zum Bau von zwei Dämmen im Ringkøbing Fjord. Die Genehmigung wurde nach jahrelangem Ringen erteilt.

Schließlich übernahm sein Sohn, Leutnant Halvor Christian Bagge, das Projekt und war am Bau der beiden Dämme beteiligt.

Ziel war es, das Gebiet nördlich der Dämme zu entwässern und so mehr landwirtschaftliche Nutzfläche zu schaffen. Außerdem sollten sie den Weg von Holmsland nach Holmsland Klit und umgekehrt erleichtern.

Der nördlichste Damm wurde im Jahr 1864 fertiggestellt. Es war ein Straßendamm, der von Søndervig nach Holmsland führte. Das Gebiet nördlich des Dammes wurde trockengelegt.

Der Straßendamm ist noch vorhanden, da die Straße von Ringkøbing nach Søndervig über ihn verläuft.

Der südliche Damm, der vom nördlichen Klegod nach Holmsland führte, wurde 1865 fertiggestellt. Insgesamt war er etwa 1,6 Kilometer lang.

Kurze Zeit später zerstörte eine Sturmflut den Damm. Das Wasser durchbrach den Damm an zwei Stellen und das Projekt wurde später aufgegeben.

Die beiden Löcher im Damm wurden nie verschlossen, obwohl Leutnant Bagge nach der Sturmflut versuchte, die Löcher abzudichten. Es stellte sich bald heraus, dass der Damm von Anfang an zu klein gewesen war, um dem Wasser standzuhalten.

In den 1900er Jahren wurden Versuche unternommen, das Projekt wiederzubeleben, aber es kam nie zustande, und die Überreste des Damms durften bleiben.

Heute kann man sagen, dass die Löcher im Damm geschlossen wurden, denn zur Freude von Fußgängern und Radfahrern wurden kleine Brücken über sie gebaut.

Jetzt können Sie einen schönen Spaziergang oder eine Radtour auf dem Fjord unternehmen.

BAGGERSVEJ 4, 6950 RINGKØBING

12 GRAB DES SCHLAMPIGE FRAU

Anne Marie Seier

Im Herbst 1953 begannen einige Bauern auf Holmsland mit dem Pflügen der Felder im Søgaard Hovedgård. An einer Feldgrenze gab es an einer bestimmten Stelle ein Problem beim Pflügen.

Es stellte sich heraus, dass es sich um menschliche Knochen handelte, die das Pflügen behinderten, woraufhin die Polizei und das Museumspersonal eingeschaltet wurden, um der Sache nachzugehen.

Nach einer gründlichen Untersuchung wurde festgestellt, dass die menschlichen Knochen sehr alt waren. Einige der Landwirte schienen sich daran zu erinnern, dass man diese Stelle meiden sollte, weil hier nach Einbruch der Dunkelheit seltsame Dinge passierten.

Die Museumsmitarbeiter kamen zu dem Schluss, dass die menschlichen Knochen von einer Frau und drei Kindern stammten. Sie mussten von einer bestimmten Bestattung aus dem Jahr 1733 stammen.

Bei der Frau musste es sich um Anne Marie Seier handeln.

1722 kam sie von Ølgod nach Holmsland, wo sie gerade ein uneheliches Kind, einen Jungen, zur Welt gebracht hatte. Anne Marie wurde als Amme auf dem Gut Søgaard angestellt, sie war auch in anderer Hinsicht auf dem Gut nützlich und blieb anschließend zehn Jahre lang auf dem Hof. Anne Marie war bei den anderen Bediensteten auf dem Gut nicht beliebt, da sie sehr temperamentvoll war. Schließlich wurde die Gutsherrin von Søgaard unter Druck gesetzt, sie zu entlassen, und Anne Marie ging nach Viborg.

Nach einigen Wochen kehrte sie nach Søgaard Hovedgård zurück und bat darum, über den Winter dort bleiben zu dürfen, weil sie krank war. Sie durfte bleiben, aber nach einigen Tagen Krankheit wurde sie tot in ihrem Zimmer aufgefunden. In ihrer Reisetruhe fanden die Bediensteten die Leiche eines neugeborenen Jungen, dem das Genick gebrochen worden war. Unter dieser Leiche fanden sie zwei weitere ältere Leichen von neugeborenen Kindern.

Sie und die Kinder wurden zunächst auf dem Friedhof von Nysogn beigesetzt, doch schon bald darauf wurden die Gebeine auf das Feld gebracht, da sie auf dem Friedhof ohnehin nicht erlaubt waren.

Im Jahr 1954 wurden die Gebeine wieder auf dem Nysogn Friedhof beigesetzt, und der Grabstein steht noch immer: "Skarnskvinden Anne Marie Seier + 1733".

KLOSTERVEJ 7, 6950 RINGKØBING

13 GAMMELSOGN SCHULE

Die Schule bei der Kirche

Die Gammelsogn Kirche steht einsam auf einem Stranddamm am Ringkøbing Fjord in der westjütländischen Landschaft.

Die Dünenbewohner auf dem südlichen Teil von Holmsland Klit gehörten zur Gammelsogn Kirche und konnten hier segeln, bis sie 1869 ihre eigene Kirche bekamen.

Nördlich des Gammelsogn Friedhofs liegt das alte Schulgebäude. Der Schulraum im östlichen Teil ist noch vorhanden, fast so, wie er aussah, als die Schule 1965 geschlossen wurde.

Im Jahr 1820 beschloss die Kirche, hier eine Schule zu errichten, und 1822 wurde das Schulgebäude mit zwei Klassenzimmern und einem Wohnhaus eröffnet, zu dem auch ein Anbau mit Stall und Scheune gehörte.

Bevor die Schule hier eröffnet wurde, mussten die Kinder den weiten Weg zur Schule in Nysogn zurücklegen, was bedeutete, dass viele Kinder eine sehr unzureichende Ausbildung erhielten.

Ein reisender Lehrer wurde angestellt, um die Kinder zu unterrichten, aber das funktionierte nie richtig. Es gab keine andere Möglichkeit, als die Schule hier an der Kirche zu bauen, wenn die Kinder unterrichtet werden sollten.

Die Schule war bis 1965 in Betrieb, als die kleinen Schulen zu einer größeren Schule in Kloster zusammengelegt wurden. Einer der Schulräume ist so erhalten geblieben, wie er bei der Schließung der Schule aussah. Heute ist die Schule im Besitz von die Gammel Sogn Kirche, die sie als Wohnung für den Totengräber und als Ausstellungsraum für die Schule nutzt.

Besucher können die alte Schulstube nach Voranmeldung betreten, ansonsten kann die Schulstube durch die Fenster besichtigt werden.

Ältere Besucher werden wahrscheinlich etwas aus ihrer eigenen Schulzeit wiedererkennen.

Auch die Gammelsogn Kirche ist einen Besuch wert. Der Kirchturm war früher etwa 12 Meter höher als heute und diente auch als Seezeichen.

GAMMEL SOGN KIRKVEJ 5, 6950 RINGKØBING

14 QUARTIER LATIN

Ein spannendes Viertels

Wenn Sie von Ringkøbings Marktplatz in Richtung Hafen gehen, kommen Sie wahrscheinlich durch das Quartier Latin.

Das Quartier Latin ist die Gegend um den Ringkøbing Platz, die Grønnegade, die Vester Strandgade und den Hafen.

Hier finden Sie viele interessante kleine Geschäfte, die einzigartige Waren und Kunsthandwerk anbieten. Es ist möglich, etwas wirklich Schönes zu kaufen, das man mit nach Hause nehmen kann, und etwas, das sonst niemand so hat.

Die Umgebung ist mit ihren engen, gepflasterten Gassen und vielen Cafés perfekt.

Während der Hochsaison im Juli und August bevölkern die Geschäfte und Straßenhändler mit ihren kleinen Ständen die Straßen und sorgen für eine tolle Atmosphäre im Quartier Latin.

Das Projekt zur Schaffung eines pulsierenden und lebendigen Viertels, des Quartier Latin, in Ringkøbing wird von Geschäften, Vereinen und Künstlern stark unterstützt.

Wir empfehlen einen Spaziergang zum Ringkøbing Hafen und einen Besuch des Indianerlagers.

Seit dem Bau des Hafens haben die Fischer ihre Boote an der östlichsten Brücke festgemacht und daneben ihre Schuppen für die Fischereiausrüstung errichtet.

Die Fischergruppe und die Fischergasse sind so alt wie der Hafen und bilden zusammen das Indianerdorf. Dieser Teil des Hafens erhielt seinen Namen, weil die Fischer ihre Grundnetzstangen so aufstellten, dass sie wie Indianer-Tipis aussahen.

Nicht jeder kann eine der Hütten im Indianerdorf kaufen. Interessenten müssen in irgendeiner Weise mit dem Hafen oder der Fischerei verbunden sein, um in Frage zu kommen.

Die beliebte Skulptur von Jens Galschiöt steht auf dem Hafenplatz. Sie ist im Volksmund als The Fat Lady bekannt.

VESTER STRANDGADE, 6950 RINGKØBING

15 KUBEN

Ein biblischer Hocker

1993 bekam Ringkøbing seinen ersten Kreisverkehr, und es wurde beschlossen, dass er von einem Künstler gestaltet werden sollte.

Die Wahl fiel auf den lokalen Künstler Henrik Have aus No bei Ringkøbing.

Das Ergebnis war ein riesiger Betonwürfel mit den Maßen 7 x 7 x 7 x 7 Meter. Der Hocker des Ezechiel, der aus dem Alten Testament stammt, wurde zum Titel des Kunstwerks.

Umgangssprachlich wurde er als "Kuben" oder der biblische Schemel bekannt.

Viele Jahre später befand er sich in einem erbärmlichen Zustand. Nach dem Willen des Künstlers sollte er nicht gepflegt werden, sondern stehen bleiben und sich im Laufe seines langen Lebens zersetzen. Der Künstler war der Meinung, dass dies zu der alttestamentarischen Idee des Kunstwerks passen würde.

Genau wie die Klagemauer in Jerusalem.

Nach vielen Jahren der Überlegung beschloss die Gemeinde, es auf jeden Fall zu renovieren, denn es steht an einer der Zufahrtsstraßen der Stadt und ist das erste, was Außenstehende von Ringkøbing sehen.

Daher musste es schön aussehen, und nach der Renovierung sieht es viel schöner aus und heißt Besucher in Ringkøbing willkommen. Die Renovierung fand jedoch erst sieben Jahre nach dem Tod des Künstlers Henrik Have im Alter von 68 Jahren statt.

Henrik Have starb 2014 und war ein anerkannter Künstler, dessen Werke in vielen der großen dänischen Kunstmuseen zu sehen sind. Er war auch einer der wenigen Künstler, die von der dänischen Kunststiftung ein Stipendium auf Lebenszeit erhielten.

Er schmückte auch andere Orte in Ringkøbing mit seiner Kunst.

Wir empfehlen einen Ausflug zur Østergade 41 in Ringkøbing, um einige seiner Kunstwerke zu sehen. Dort, im ehemaligen Bezirksgebäude, können Sie die goldenen Säulen und andere spannende Kunstwerke sehen, die er geschaffen hat.

SJÆLLANDSGADE 3, 6950 RINGKØBING

16 DER FJORDPFAD

Die Schwarzen Berge

Man kann den Ringkøbing Fjord mit dem Fahrrad umrunden, aber auch auf einigen Routen entlang des Fjordes wandern.

Der Pfad Fjordstien führt vom östlichen Teil Ringkøbings, am neuen Rathaus vorbei, am Fjord entlang.

Auf dem Pfad dorthin passiert man das Landschaftsschutzgebiet De Sorte Bakker. Die mit Büschen bewachsenen Hänge, die nur neun Meter über dem Meeresspiegel liegen, sind der höchste Punkt an der Fjordküste.

Ursprünglich waren die Hügel mit Heidekraut bewachsen, so dass sie wie schwarze Seezeichen aussahen, die zur Navigation auf dem Fjord dienten, daher der Name Die Schwarzen Berge.

Der Pfad endet am Bydiget aus dem späten 17. Jahrhundert, das die Grenze zwischen den Feldern der Stadt Ringkøbing markiert.

Der Fjordpfad ist etwa drei Kilometer lang, und sechs Kilometer, wenn man die gleiche Strecke zurück nach Ringkøbing geht.

Unterwegs gibt es viele Gelegenheiten, den Ringkøbing Fjord zu sehen und bei klarem Wetter kann man die Dünen an der Küste sehen.

Der Ringkøbing Fjord ist etwa 30 Kilometer lang, so dass es nicht möglich ist, bis zum anderen Ende des Fjords zu sehen.

Der Fjord bedeckt eine Fläche von etwa 300 Quadratkilometern, was der Größe von etwa 42.000 Fußballfeldern entspricht.

Der Fjord ist nicht sehr tief, an den meisten Stellen muss man etwa einen Kilometer ins Wasser gehen, bevor er mehr als einen Meter tief ist. Die tiefste Stelle des Fjords befindet sich vor Stauning bei Stauning Dyb mit einer Tiefe von etwa fünf Metern.

Die Breite des Fjords beträgt etwa 11-12 Kilometer, und die andere Seite kann man sehen, wenn das Wetter nicht schlecht ist.

TOFTEN 2, 6950 RINGKØBING

17 ROTES GASTHAUS

Der alte Gasthof

Am Vennervej zwischen Lem und Velling steht ein schönes kleines Bauernhaus namens Røde Kro. Das Rot im Namen kommt daher, dass es eines der ersten Gebäude in der Gegend war, das aus roten, gebrannten Ziegeln gebaut wurde.

Er war früher ein Gasthaus, aber kein königlich privilegiertes Gasthaus wie viele andere ältere Gasthäuser, sondern nur zu bestimmten Zeiten im Jahr geöffnet.

Der Hof war hauptsächlich ein landwirtschaftliches Anwesen, das Gasthaus wurde als eine Art Nebenerwerb auf dem Hof betrieben und war nur zu bestimmten Anlässen geöffnet.

Ende des 17. Jahrhunderts und etwa 100 Jahre lang war die Viehzucht eine der wichtigsten Einnahmequellen der dänischen Bauern.

Wenn sie verkaufsreif waren, wurden sie über die vielen Triebwege zu den Märkten in Norddeutschland getrieben und verkauft.

Die Reise von den Bauernhöfen hinunter nach Norddeutschland dauerte lange, und die Viehtreiber brauchten Plätze zum Essen und zum Übernachten.

Entlang der Viehtreiberrouten entstanden auf den Bauernhöfen viele Gasthäuser, um die Viehtreiber zu verpflegen und unterzubringen. Oft waren es nur kleine Gasthöfe, in denen zwei oder drei Viehtreiber übernachten konnten.

Für das Vieh wurden spezielle Viehställe eingerichtet, die oft von Erdwällen umgeben waren. An einigen Stellen in der westjütländischen Landschaft sind sie noch im Gelände zu sehen. In der Nähe von Røde Kro gab es früher drei Viehpferche.

Das ursprünglich freistehende Bauernhaus von Røde Kro ist das älteste Gebäude auf dem Grundstück und stammt vermutlich aus der Zeit um 1802. Es besteht aus handverlegten, lokal hergestellten Ziegeln. Einige von ihnen weisen Fingerabdrücke auf, weil sie zum Trocknen liegen gelassen und gedreht werden mussten.

VENNERVEJ 6, 6940 LEM

18 HEILIG KREUZ KLOSTER

Ein modernes Kloster

Auf den ersten Blick könnte man meinen, dass das Heilig Kreuz Kloster ein halbveraltetes Gebäude ist. Das ist es aber ganz und gar nicht.

Die Geschichte des Klosters beginnt im Jahr 1947, als ein Priesterpaar aus Nordjütland in die Gegend kam. Sie hatten den Wunsch, in der Gegend ein Kloster oder eine Klause zu errichten.

Der Bau des Klosters begann Mitte der 1950er Jahre und dauerte bis zu seiner Fertigstellung im Jahr 1975. Für den Bau des Klosters wurden Abbruchmaterialien verwendet, die von der Gemeinde Skjern gespendet wurden, und vor allem freiwillige Priesterstudenten aus Frankreich und Italien waren für den Bau verantwortlich.

"Das Heilig-Kreuz-Kloster ist ein menschlicher und spiritueller Zufluchtsort, an dem sich Menschen, die Ruhe und Erholung brauchen und sich nach Erneuerung des Glaubenslebens sehnen, für kürzere oder längere Zeit aufhalten können, und an dem Exerzitien, Gottesdienste, Begegnungen und mehr organisiert werden können. Der Ort soll Ruhe und Frieden ausstrahlen, und es soll einen ruhigen Rhythmus von Gebet und Arbeit geben."

Leider wurde 2016 Schimmel in den Gebäuden festgestellt, aber zum Glück nicht in der Abteikirche selbst. Daher können Besucher nicht übernachten und die Gebäude nicht nutzen.

Die Gebäude müssen irgendwann abgerissen werden, da es sich nicht lohnt, die Gebäude zu renovieren, sondern es wäre billiger, etwas Neues zu bauen.

Es stellte sich heraus, dass an den Baumaterialien zu viel gespart wurde und die Dachkonstruktion schlecht ausgeführt war. Auch wurde im Winter nicht ausreichend geheizt, so dass der Schimmelpilz gute Bedingungen vorfand.

Das Heilig Kreuz Kloster veranstaltet nach wie vor Veranstaltungen in der Klosterkirche und bietet Führungen und ein stilles Programm für diejenigen an, die dies wünschen.

Es wird daran gearbeitet, Mittel für den Bau neuer Klostergebäude zu beschaffen, aber wie das Heilig Kreuz Kloster sagt: "Der Ort war immer reich an Träumen und Visionen, nie an Geld."

LEMVEJ 19, 6940 LEM

19 DEJBJERG KIRCHE

Kirche der Ausgestoßenen

Die Dejbjerg Kirche ist eine einfache Kirche aus der Zeit um 1150. Das Besondere an der Kirche befindet sich im Turmraum. Hier finden Sie hinter einem Gitter ein paar recht merkwürdige Kirchenbänke. Die Bänke waren für die Ausgestoßenen (Rakkerne) gedacht, die hinter dem Gitter dem Gottesdienst beiwohnen konnten.

Sie durften sich unter keinen Umständen unter die ehrlichen Leute mischen und mussten an ihrem Platz sein, bevor die ehrlichen Leute kamen, und sitzen bleiben, bis die ehrlichen Leute die Kirche verlassen hatten.

Im 18. und 19. Jahrhundert waren sie ein geächtetes Volk. Sie verrichteten unehrliche Arbeiten wie das Häuten toter Tiere, die Beseitigung von Unrat und die Unterstützung des Henkers bei seiner Arbeit. Daher waren sie unehrlich und geächtet.

Die Moore in Westjütland waren für sie attraktiv, weil sie hier in relativer Ruhe ihre Arbeit verrichten konnten, die sonst niemand wollte.

Wenn ein Ausgestoßener (Rakker) starb und begraben werden musste, geschah dies außerhalb der Kirche, denn als Unehrliche und Ausgestoßene konnten sie nicht in der Kirche begraben werden.

Der Verstorbene konnte nicht einmal durch das Tor zum Friedhof getragen werden, sondern musste über die Mauer des Friedhofs gehoben werden.

Sobald der Leichnam den Friedhof betreten hatte, wurde er ohne den Segen eines Priesters bestattet. Es wurde kein Grabstein errichtet, und die Beerdigung musste in einem bestimmten Bereich des Friedhofs stattfinden.

Die Stelle auf dem Friedhof ist durch einen einzigen Gedenkstein mit der Aufschrift "Rakkergrave" gekennzeichnet.

Um 1830 begannen die Bauern, die Drecksarbeit der Ausgestoßenen zu übernehmen. Das bedeutete, dass die Ausgestoßenen betteln oder stehlen mussten, um über die Runden zu kommen. Einige verschwanden in die großen Städte, andere schlüpften in den späten 1800er Jahren in die kleinen Gemeinden Westjütlands.

BUNDSBÆKVEJ 2A, 6900 SKJERN

20 KÜSTENBATTERIE STAUNING

Der Atlantikwall am Ringkøbing Fjord

Nördlich von Stauning, bei Halby, errichteten die Deutschen 1943 eine Geschützbatterie an einem wirklich guten Standort. Es ist ungewöhnlich, dass eine Geschützbatterie so weit von der Westküste entfernt ist.

An den Stränden und in den Dünen der Westküste kann man noch Bunker des deutschen Atlantikwalls sehen. Einige von ihnen stehen noch, andere sind ins Wasser gerutscht und einige sind in den Dünen begraben.

Der deutsche Atlantikwall sollte vor einer alliierten Invasion schützen und erstreckte sich vom Nordkap in Nordnorwegen bis zum südlichsten Teil Frankreichs an der spanischen Grenze. Bunker, Minen, Stacheldraht und zahlreiche Waffen sollten die Alliierten von einer Invasion von Westen her abhalten.

In Dänemark bestand der Atlantikwall aus rund 8.000 Betonbauten, darunter etwa 2.000 Bunker. Hinzu kamen Radaranlagen und Horchposten. Auch die Geschützbatterie in Stauning war Teil des Atlantikwalls.

Die Geschützbatterie ist gut platziert, da die Geschütze die Hafeneinfahrt in Hvide Sande abdecken können. Darüber hinaus konnten sie auch die Küste von Nymindegab bis Søndervig abdecken.

Die Geschützbatterie bestand aus vier Geschützstellungen. Drei der Stellungen waren offen, was bedeutete, dass die Geschütze nicht durch die Betonwände eines Bunkers geschützt waren, sondern auf Betonfundamenten standen.

Das vierte Geschütz war in einem Bunker geschützt. Wahrscheinlich war vorgesehen, dass auch die anderen drei Geschütze in einem Bunker untergebracht werden sollten, doch wurde dieser nicht vor Kriegsende 1945 gebaut.

Die Geschütze stammten von der französischen Verteidigungslinie, der Maginot-Linie, die 1940 an die Deutschen gefallen war. Es handelte sich um große Geschütze mit einem Kaliber von 194 Millimetern.

Außerdem gab es Bunker für die Besatzung und die Munition. Die Geschützstellungen wurden durch Maschinengewehrstellungen und Mörserbunker geschützt.

SYRENVEJ 49, 6900 SKJERN

21 STAUNING HAFEN

Der Hafen am Ostfjord

In Westjütland war es früher normal, dass man mehrere Berufe ausübte, um über die Runden zu kommen.

Hier in Stauning fischten die meisten Bauern neben ihrer Landwirtschaft im Fjord, so wie sie es seit Hunderten von Jahren taten. Die Fjordfischerei wird im Ringkøbing Fjord seit Urzeiten betrieben.

Es wurden Flundern, Aale und Lachse gefangen, und der Fisch wurde von Stauning aus unter anderem nach Deutschland und Holland ausgeführt.

Nachdem die Fische in Stauning vereist worden waren, wurden sie nach Skjern transportiert und von dort aus mit der Eisenbahn weiter nach Süden in andere Länder verschickt.

In den 1800er Jahren gab es hier in Stauning eine Verladestelle für die Schifffahrtslinie Amsterdam-Stauning-Bergen, die Schweinehälften für den Export transportierte.

Ursprünglich gab es hier in Stauning drei Anlegestellen, die aber 1938 durch den Stauning Hafen ersetzt wurden.

Seit vielen Jahren gab es Pläne und einen großen Wunsch, hier einen Hafen zu bauen, aber erst in diesem Jahr wurde er Wirklichkeit.

Der Stauning Hafen liegt ungefähr in der Mitte des Fjords an der Ostseite und ist einer der neueren Fischereihäfen am Ringkøbing Fjord.

Heute ist der Hafen fast ausschließlich ein Freizeithafen für Freizeitfischer, Segler und Jäger. Es gibt keine kommerziellen Fischer mehr in Stauning.

Die vielen Liegeplätze im Hafen, die umliegenden Geräteschuppen und Hütten sowie das Restaurant, die Helling, der Kran und die Bootshäuser bilden jedoch ein sehr attraktives Umfeld für Einheimische und Touristen.

Der Hafen verfügt über einen Aufenthaltsbereich mit drei Unterständen, einem Grillplatz, Tischen und Bänken sowie Zugang zu Toiletten und Duschen.

STRANDVEJEN 3, 6900 SKJERN

22 DIE SCHLEPPFÄHRE BLISHØNEN

Die Do-it-yourself-Fähre

Am Pumpwerk Nord führt ein Weg hinunter zur Skjern Å. Unten am Fluss gibt es eine kleine Schleppfähre.

Die Blishönen Schleppfähre ist ein kleiner quadratischer Metallkasten, den man mit Seilen und Muskelkraft über den Fluss ziehen muss. Auf der Fähre können bis zu 12 Personen Platz finden.

Es dauert ein paar Minuten, je nachdem, wie viel Kraft man aufwenden muss, um die Fähre zu ziehen, und wie viele Personen an Bord sind.

Das Ziel ist die kleine Insel Kalvholm, die auf beiden Seiten vom Fluss Skjern abgeschnitten ist. Früher weideten hier Wildpferde und Rinder. Es besteht die Möglichkeit, einen Spaziergang zur anderen Seite der Insel zu unternehmen.

Auf der anderen Seite von Kalvholm liegt die Schwesterfähre von Blishönen, Rørhønen, die zum südlichen Festland fährt.

Die Zugfähren sind nicht nur zum Spaß da, denn in der Vergangenheit wurden sie für den Transport von Rindern auf die Insel genutzt. Hier konnten sie den ganzen Sommer über grasen.

Die gesamte Fläche von etwa 25 Quadratmetern ist das einzige Flussdelta Dänemarks. Hier fließt der wasserreichste Fluss Dänemarks, die Skjern Å, in den Ringkøbing Fjord.

Auf den letzten 20 Kilometern des Flusses verteilt sich das Wasser auf unzählige Bäche, Seen, Wiesen und Feuchtgebiete, um schließlich in den Fjord zu fließen.

Das war nicht immer so, denn in den 1960er Jahren wurde die Skjern Å in einen geraden Kanal umgewandelt. Dadurch konnte ein großes Gebiet entwässert und als Ackerland genutzt werden.

Wildtiere und Natur litten stark unter dieser Veränderung. Viele Jahre später initiierte der Staat das bisher größte Renaturierungsprojekt, das rund 300 Millionen DKK kostete. Ziel war es, dem Gebiet sein ursprüngliches Aussehen zurückzugeben. Nach einigen Jahren der Arbeit war das Gebiet mehr oder weniger zum Nutzen von Tieren und Menschen wiederhergestellt.

LANGKÆRVEJ 11, 6900 SKJERN

23 DIE REBERBAHN

Seile als Meterware

Früher war die Herstellung von Seilen nicht so einfach. Zuerst brachte der Seiler den Hanf in großen Ballen nach Hause. Dann mussten Verunreinigungen und dünne Stränge im Hanf mit einem Brett mit Stacheln entfernt werden.

Diese dünnen Stränge konnten nun für einen anderen Zweck verwendet werden, nämlich für die Abdichtung von Wasserrohren. In älteren Häusern sieht man noch Wasserleitungen, die mit den dünnen Hanffäden abgedichtet wurden.

Die längeren und stärkeren Fäden eigneten sich sehr gut für die Herstellung von Seilen. Der Seilmacher und seine Arbeiter wickelten sich die Fäden um die Hüften und gingen rückwärts, während sie die Fäden zu einem dickeren Faden zusammensponnen. Sobald genügend Litzen vorhanden waren, wurden die Fäden mit Hilfe von Handkurbeln oder einer Maschine verdrillt.

Bei den Vorbereitungsarbeiten wurden die euphorisierenden Substanzen des Hanfs in den Staub abgegeben, so dass der Seilmacher und seine Gesellen nach einem Arbeitstag ein wenig beschwipst sein konnten.

Die Qualitätsanforderungen an Seile waren unterschiedlich, je nachdem, wofür das Seil verwendet werden sollte. Im 18. Jahrhundert mussten die Seile für die Marine in einwandfreiem Zustand sein, denn wenn kleine Fäden und andere Verunreinigungen darin gefunden wurden, konnte die Strafe dafür der Galgen sein.

Das Reberbahngebäude von Skjern ist etwa drei Meter breit und rund 94 Meter lang. Im Jahr 1896 kam der Seilmacher Jens Sahl nach Skjern, kaufte hier ein Grundstück und begann mit der Seilproduktion unter freiem Himmel.

Nach einigen Jahren wurde das heutige Gebäude errichtet, und um 1903 wurde die Seilerei mit Strom versorgt, was die Arbeit beim Verdrehen der Seile erleichterte.

Die Seilfabrik konnte Seile mit einer Länge von 55 Metern liefern. Die fertigen Seile wurden nicht nach Länge, sondern nach Gewicht verkauft.

Einer Erzählung zufolge wurde das Gebäude während der Besatzung von dänischen Widerstandskämpfern genutzt. In dem langen Gebäude wurden Waffen abgefeuert und justiert - ein perfekter Schießstand für diesen Zweck.

REBERBANEN 1A, 6900 SKJERN

24 KÖNIG HANS BRÜCKE

Ein kalter Ritt auf dem Fluss kostete den König das Leben

Es war ein kalter Januartag im Jahr 1513. König Hans und sein Gefolge waren in Eile. Sie waren auf dem Weg von Ribe nach Aalborg und mussten den Skjern Fluss überqueren.

Früher gab es hier eine Brücke, aber sie war zusammengebrochen, und so mussten sie die Furt benutzen, um auf die andere Seite des Flusses zu gelangen.

Es war ein kaltes Vergnügen, selbst wenn man auf seinem Pferd saß. Der König und sein Gefolge ritten in den Fluss hinaus, aber wie es das Schicksal wollte, trat das Pferd des Königs in ein Loch und fiel um.

König Hans stürzte vom Pferd und musste in das eiskalte Wasser steigen. Sein Gefolge half ihm schnell auf und brachte ihn zur Feuerstelle in Skjern Brogård.

Am nächsten Tag litt er immer noch unter der Kälte, aber er hatte es eilig und ritt weiter nach Aalborg. In den nächsten Wochen verschlechterte sich sein Zustand und er starb am 20. Februar 1513 an einer Lungenentzündung.

Glücklicherweise gibt es heute hier eine Brücke, so dass man den Fluss trockenen Fußes überqueren kann.

Die schöne Holzbrücke wurde ganz in der Nähe der Brücke aus dem 12. Jahrhundert gebaut, auf der der König 1513 über den Fluss ritt. Auch für unseren nassen König Hans wurde ein Gedenkstein errichtet. Die Brücke wurde 2003 gebaut und ist die längste hölzerne Hängebrücke Dänemarks.

Die Pylone, die vier senkrechten Pfosten, sind aus seeländischen Marineeichen gesägt. Die Eichen wurden auf Seeland gepflanzt, nachdem England 1807 die gesamte dänische Flotte übernommen hatte.

Als die Bäume 200 Jahre später masthoch gewachsen waren, wurden sie gefällt und für den Bau von Kriegsschiffen verwendet. Hölzerne Kriegsschiffe werden heute nicht mehr gebaut, so dass das gute Holz für andere Zwecke verwendet wird, wie z. B. für die Pylone dieser Holzbrücke.

PETERSMINDEVEJ 3, 6900 SKJERN

25 DAS HUTMACHERHAUS

Das Haus der Landlosen

Das älteste Haus von Tarm liegt am Rande der Stadt. Historisch gesehen kann das Haus bis in die späten 1700er Jahre zurückverfolgt werden.

Es heißt Hattemagerhuset (das Hutmacherhaus) nach einer Hutmacherin, Johanne Cathrine Jensdatter, die das Haus von etwa 1840 bis etwa 1870 bewohnte.

Sie war Witwe und verdiente ihren Lebensunterhalt als Hutmacherin, eine Tätigkeit, die sie von ihrem Mann übernommen hatte. Sie war auch als Garnhändlerin und Tagelöhnerin tätig. Im Jahr 1877 starb sie im Armenhaus der Stadt.

Das Haus ist ein gutes Beispiel für ein landloses Haus. Das bedeutet, dass die Bewohner von einer Kombination aus Tagelöhnerei und Handwerksarbeit lebten.

Als Tarm in den späten 1800er Jahren stärker industrialisiert wurde und mehr Fabriken in die Stadt kamen, wurden diese erdlosen Häuser zu Wohnungen für Arbeiterfamilien.

Um 1900 wohnte ein Kesselschmied mit seiner Familie in dem Haus. Seine Frau arbeitete als Wäscherin. Die Wäsche wurde im Tarm Fluss gewaschen, der in der Nähe des Hatter's House floss.

Wie andere kleine Arbeiterhäuser verfügte auch dieses über einen relativ großen Garten. Der Garten war für die Arbeiterfamilien sehr wichtig. Hier konnten sie etwas Vieh halten und Gemüse anbauen, um sich so weit wie möglich selbst versorgen zu können. Die Familien übten einige ihrer Nebenbeschäftigungen in ihren Häusern aus. Zum Beispiel das Korbflechten und die Herstellung von Reiskäse.

Dieser vielseitige Lebensstil ähnelte sehr der Lebensweise einer Landarbeiterfamilie auf den kleinen Höfen in den jütländischen Mooren. Viele der Arbeiterfamilien kamen ebenfalls vom Land, so dass das Leben in der Stadt für sie nicht viel anders war.

Heute ist das Hattemagerhuset im Besitz des Ringkøbing-Skjern Museums. Es ist so restauriert worden, wie es wahrscheinlich um 1870 aussah.

FOERSUMVEJ 1, 6880 TARM

26 ÅDUMER RUNENSTEIN

Thorulv setzte einen Stein nach Toke Tokesøn

Die meisten Menschen assoziieren Runensteine mit den heidnischen Wikingern, aber die meisten wurden erst aufgestellt, nachdem die Wikinger um 970 christlich wurden.

Viele Runensteine verraten uns, wer den Stein errichtet hat und vor allem, für wen er errichtet wurde. Sie waren eine Art Gedenkstein.

Der Runenstein an der Kirche von Ådum ist da keine Ausnahme. Die Inschrift lautet: "Thorulv setzte den Stein nach Toke Tokesøn, dem Erhabenen. Gott helfe ihm." Wahrscheinlich kann man nach "sein" ein "Seele" hinzufügen, so dass es "Gott helfe seiner Seele" wird.

Dieser schöne Runenstein stammt aus der zweiten Hälfte der Wikingerzeit, etwa aus den frühen 1000er Jahren.

Um 1629 wurden zwei Runensteine auf dem Friedhofsdeich gefunden. Einer ist inzwischen verschwunden, der andere befindet sich jetzt hier in der Kirche.

Nun springen wir auf dem Friedhof von Ådum etwa 900 Jahre vorwärts, bis ins Jahr 1943, zu einer anderen Art von Gedenkstein.

Im Frühjahr 1943 wurde ein englisches Flugzeug, ein Stirling-Bomber, von einem deutschen Nachtjäger abgeschossen und stürzte zwei Kilometer vor der Stadt ab. Die britische Maschine war an einer großen Minenräumaktion in der Ostsee beteiligt.

In dieser schwarzen Nacht gingen zehn britische Flugzeuge über Dänemark verloren.

Von den sieben Besatzungsmitgliedern des Flugzeugs kamen sechs beim Absturz ums Leben. Zwei wurden in Esbjerg und vier hier auf dem Ådum Friedhof beigesetzt. Das überlebende Besatzungsmitglied wurde in ein Gefangenenlager in Deutschland gebracht, wo es später starb.

Die Gräber der vier gefallenen Besatzungsmitglieder der Royal Air Force gehören zu Commonwealth War Graves, die Gräber und Kriegsdenkmäler aus beiden Weltkriegen pflegen. Gefallene Soldaten aus Großbritannien, Kanada, Australien, Südafrika, Neuseeland und Indien fallen unter Commonwealth War Graves.

BINDESBØLVEJ 8A, 6880 TARM

27 DER GESCHICHTSPFAD

12 Stationen im Wald

Bei einer Wanderung durch den Stadtwald in Ølgod können Sie mehr über die Geschichte des Waldes erfahren.

Der Geschichtspfad ist eine fünf Kilometer lange Wanderung mit 12 Stationen, die die Geschichte der Entwicklung des Waldes von der Heide über die Plantage bis zum heutigen Wald erzählen.

Am Anfang des Weges können Sie sich ein Faltblatt über den Wald und die 12 Stationen abholen.

Sie erzählt auch von den Menschen, die das Gebiet geschaffen haben, von der Natur, den Heideflächen und Grabhügeln, den Heidebauern und den Aktivitäten des Waldes.

Im Jahr 1882 wurde der Wald als Plantage einer Aktiengesellschaft angelegt, hauptsächlich mit Latschenkiefern, die auch etwas Sand aufnehmen konnten.

Eines der Ziele war es, Schutz für die neue Bahnhofsstadt Ølgod zu schaffen.

Außerdem wollten sie verhindern, dass die Binnendünen des Waldes durch Hitzewellen in Wanderdünen verwandelt werden, was zu Sandverwehungen führen würde.

Heute gibt es im Wald kaum noch Latschenkiefern, dafür aber rund 25 verschiedene Holzarten.

Im Jahr 2013 wurde der Wald von Ølgod Plantage in Ølgod Byskov umbenannt und befindet sich im Besitz der Gemeinde Varde.

Der Geschichtspfad wurde im Frühjahr 2018 eingeweiht. Folgen Sie der Route mit den blauen Pfeilschildern. Die runden blauen Schilder zeigen an, dass Sie sich auf der Route befinden. An jedem Pfosten befindet sich ein kleines Schild, auf dem man etwas über den Ort lesen kann.

Einer der Pfosten am größten Baum des Waldes, einer Sitka-Fichte, die 1935 gepflanzt wurde, ist über 30 Meter hoch.

Entlang des Weges kann man an drei Stellen, an denen Tische und Bänke stehen, eine Pause einlegen. Der Weg ist nicht für Menschen mit Gehbehinderungen geeignet.

SKOLEGADE 18, 6870 ØLGOD

28 GLIBSTRUPER HEIDE

Die geschützte Heidelandschaft

In der Nähe des Dorfes Lyne liegt die Glibstruper Heide, die 1962 unter Naturschutz gestellt wurde.

Auf der Heide selbst gibt es einige teilweise ausgegrabene Grabhügel, die ebenfalls unter Schutz gestellt wurden.

Das Gebiet um Lyne, Nørhede und Glibstrup ist für seine alten Grabhügel bekannt, und östlich von Glibstrup wurden beispielsweise einige große Spaltkeile gefunden, Handbeile, die in der Antike zum Zerhacken von Knochen und Geweihen verwendet wurden.

In der Heide gibt es einen Ringwall, der vermutlich als Sammelplatz für die Tiere der westjütländischen Hirten während der Nachtstunden diente.

Der Wall hat einen Durchmesser von etwa 16 Metern, ist etwa zwei Meter breit und knapp einen Meter hoch. Die Öffnung ist nach Süden ausgerichtet.

Wahrscheinlich war sie früher höher.

Bis Mitte des 18. Jahrhunderts wurde das Vieh durch Jütland nach Norddeutschland getrieben.

Ringwälle wie dieser sind in regelmäßigen Abständen in ganz Westjütland zu finden. Die Hirten konnten dann in nahegelegenen Gestüten übernachten oder die Nacht unter freiem Himmel verbringen.

Parkmöglichkeiten gibt es im Wald am Glibstrupvej. Es gibt eine markierte Wanderroute von etwa drei Kilometern Länge. In der Mitte des Weges gibt es einen Tisch und eine Bank.

Folgen Sie dem Glibstrupvej über den Fluss nach Norden, biegen Sie links in den Gejlgårdsvej ein und biegen Sie nach Nr. 5 (dritte Straße) links ab. Überqueren Sie den Fluss und gehen Sie durch den Wald zum Glibstrupvej.

Der letzte Teil des Waldes ist ein Buchenwald, der zu den westlichsten in Dänemark gehört. Biegen Sie links in den Glibstrupvej ein, rechts in den Hustedvej, links am Waldrand entlang nach Norden und dann nach Westen zurück zum Glibstrupvej.

GLIBSTRUPVEJ 24, 6880 TARM

29 KVONG KIRCHE

Der schiefe Eingang

Das erste, was einem auffällt, wenn man an der schönen Kvong Kirche ankommt, sind die steil abfallenden Säulen des Eingangstors zum Friedhof. Sie wurde um 1792 erbaut.

Ob sie im Laufe der Zeit schief geworden sind oder ob die Steinmetze einen schlechten Tag hatten, ist nicht bekannt.

Um den Friedhof herum befindet sich ein Friedhofsdeich aus Feldsteinen, die von den umliegenden Feldern hierher geschleppt wurden.

Die Legende besagt, dass ein Riese bei der etwa sechs Kilometer entfernten Kirche von Lyne stand und einen großen Stein auf die Kvong Kirche warf. Glücklicherweise traf er nicht die Kirche, sondern landete in der Nähe des Pfarrhauses.

Der Pfarrer ließ diesen Stein in die Kirche bringen und er wurde zum ersten Stein im Kirchendeich.

Die Kirche selbst wurde in romanischer Zeit erbaut, irgendwann in den Jahren 1100-1200. Der Turm wurde im Spätmittelalter um 1500 gebaut. Das Kirchenschiff wurde erst Mitte der 1850er Jahre angebaut.

In den frühen 1950er Jahren wurde die Kirche mit Kunstwerken des Bornholmer Künstlers Paul Høm geschmückt.

Neben der neueren Dekoration verfügt die Kirche über eine Reihe von Einrichtungsgegenständen aus dem Mittelalter, der Renaissance und dem Barock.

Der romanische Altartisch enthält ein so genanntes Heiligengrab. Unter einem rot-grauen Deckstein in der Mitte der Altartischplatte befinden sich die Reste eines kleinen Reliquienkästchens aus Blei mit den Maßen von etwa 5 x 3 Zentimetern. Das Reliquienkästchen ist jedoch leer.

Es ist nicht bekannt, was das Reliquienkästchen enthielt, aber man kann vermuten, dass es sich um ein Knochenfragment eines Heiligen handelt. Nach der Reformation im Jahr 1536 verschwanden die meisten Reliquien aus den dänischen Kirchen.

KVONG KIRKEBAKKE 11, 6800 VARDE

30 LØNBORGER HEIDE

Eine uralte Heidelandschaft

In der Nähe von Vostrup, südwestlich von Tarm, liegt das große Naturschutzgebiet Lønborger Heide.

Ein Besuch der Lønborger Heide ist ein grosartiges und einzigartiges Naturerlebnis.

Die Heide mit ihrem feinen Heidekraut kann man von den Dünen am Parkplatz am Ende des Fjerbækvej aus sehen, oder man macht eine längere Wanderung, um die Stille und den Gesang der Vögel zu genießen.

An vielen Stellen in der Heide kann man alte Reifenspuren sehen, die aus der Zeit stammen, als in den Mooren der Heide Torf gestochen wurde.

Lønborger Heide ist auch deshalb ungewöhnlich, weil große Teile der Heide nie kultiviert wurden.

Die Landschaft ist seit 70.000 Jahren, seit dem Ende der letzten Eiszeit, weitgehend unverändert geblieben.

Das Gebiet der dänischen Naturbehörde umfasst etwa 360 Hektar Heide, und die Heide ist von landwirtschaftlichen Flächen umgeben.

Die Lønborger Heide hat drei offene Vegetationstypen:

Der erste ist eine trockene Heide mit Heidekraut und verstreutem Heidekraut. Der zweite Typ ist eine feuchte oder nasse Heide, die von Glockenheide dominiert wird. Der letzte Typ sind Heideflächen und feuchte Senken mit gelegentlichem Grundwasserstand.

Große Teile der Heide wurden 1970 aufgrund ihres seltenen und besonderen Charakters unter Schutz gestellt. Ursprünglich war Lønborger Heide viel größer, aber die Kultivierung der Heide in früheren Zeiten hat ihr einen großen Schaden zugefügt.

Die großen Naturwerte von Lønborg Hede haben Vorrang, weshalb auf Lønborger Heide keine Schutzhütten oder andere publikumsfreundliche Objekte errichtet werden.

Das Gebiet ist somit in erster Linie für die naturliebende Öffentlichkeit reserviert.

FJERBÆKVEJ 11, 6880 TARM

31 LØNBORG FESTUNG

Ein Verkehrsknotenpunkt

Früher war dies ein wichtiger Verkehrsknotenpunkt, denn unterhalb der Kirche befand sich die Kreuzung zur Überquerung des Flusses Skjern Å. Wichtige Straßen trafen sich an einer Kreuzung bei der Lønborg Kirche.

Es gibt noch Reste eines alten Hohlweges, der von der Lønborg Kirche bis zu der Stelle führte, an der sich die Kreuzung befand.

Eine Brücke wurde erst in jüngerer Zeit gebaut, so dass man, wenn man den Fluss Skjern Å überqueren wollte, zu Fuß im Fluss oder mit dem Boot übersetzen musste.

Wahrscheinlich gab es hier schon in der Bronzezeit, also vor etwa 3.000 Jahren, einen Übergang, denn in Lønborg wurden Radspuren aus dieser Zeit der dänischen Geschichte gefunden.

Für die Herrscher war es wichtig, die volle Kontrolle über den Übergang zu haben, nicht zuletzt um Zölle für die Überquerung des Skjern zu erheben.

Im Mittelalter befand sich westlich der Kirche eine Befestigungsanlage, die Borgvold genannt wurde. Die Verteidigungsanlage befand sich dort, wo sich heute die Vegetation und eine ehemalige Kiesgrube westlich der Kirche befinden. Von hier aus konnte man die Kreuzung im Auge behalten.

Neben der wichtigen Lage an der Kreuzung könnte das Interesse des Königs an der Anlage hier in Lønborg auch mit dem Lachsfang im Fluss Skjern zusammenhängen. Im Skjern gab es so viele Lachse, dass die Abgaben und Steuern, die von Lønborg an den Bischof und den König zu entrichten waren, in Lachs bezahlt wurden.

An einem Hang östlich der Kirche lag früher die heilige Knudsquelle. Sie ist nach einem katholischen Heiligen benannt und stammt aus dem Mittelalter. Reisende konnten sie auf dem Weg zur Kreuzung in Lønborg besuchen.

Die Lønborg Kirche ist für ihre für Westjütland ungewöhnlichen Fresken bekannt.

BAKKEVEJ 5A, 6880 TARM

32 ROYAL AIR FORCE GEDENKSTÄTTE

Englischer Bomber schlug hier auf dem Boden auf

Am 1. Dezember 1943 flog ein englischer Bomber, eine Short Stirling, einen Einsatz nach Skagerak. Der Auftrag lautete, Minen in der Schifffahrtsstraße von Frederikshavn nach Oslo abzuwerfen.

Es war der erste Einsatz der Besatzung, und die Mission verlief gut, die Minen wurden abgeworfen, der Bomber drehte um und flog zurück nach England.

Über Westjütland wurde der Bomber von deutschen Radargeräten gesichtet. Ein geschickter deutscher Jagdflieger, Gerhard Rath, wurde von der deutschen Insel Sylt aus mit seinem Nachtjäger Junker 88 losgeschickt, um den Bomber zu finden.

Der deutsche Pilot fand den Bomber und begann ihn zu beschießen. Der Bomber wurde getroffen und stürzte hier bei Houm Enge ab und explodierte.

Es ist möglich, dass der Bomber noch einige Minen an Bord hatte und dass dies dazu beitrug, die Explosion noch größer zu machen.

Der Aufprall war so heftig, dass er ein sehr großes Loch in den Boden riss. Das Loch füllte sich sehr schnell mit Wasser und wurde zu dem Teich hier auf der Wiese.

Die siebenköpfige Besatzung kam alle auf der Stelle ums Leben. Sechs von ihnen waren von der Royal Air Force und der letzte von der Royal Canadian Air Force.

Die Überreste der Besatzung, die gefunden werden konnten, wurden im Memorial Grove in Esbjerg beigesetzt.

An den Jahrestagen des Abschusses finden Gedenkfeiern für die gefallenen Piloten statt, und jedes Jahr wird hier an der Absturzstelle der Tag der Befreiung Dänemarks am 4. Mai begangen.

Der geschickte deutsche Pilot, der den Bomber als seinen 14. Abschuss eines alliierten Flugzeugs abschoss, überlebte den Krieg und schoss insgesamt 58 alliierte Flugzeuge ab. Auch er wurde während des Krieges abgeschossen und verwundet, nahm aber wieder am Luftkrieg teil.

BANDSBØLVEJ 49, 6893 HEMMET

33 LYDUM MÜHLE

Von der Getreidemühle zum Kraftwerk

Der früheste bekannte Hinweis auf eine Wassermühle hier in der Lydum Å (Fluss) stammt aus dem Jahr 1347. In einem Dokument aus jenem Jahr heißt es, dass der Bischof von Ribe, Peder Thuresen, die Mühle von Lydum verpfändete, um sich den Besuch des päpstlichen Hofes in Rom leisten zu können.

Mit der Reformation wurde die Mühle wahrscheinlich zusammen mit den anderen bischöflichen Gütern in Dänemark dem König unterstellt.

Später wurde die Mühle, die eine Getreidemühle war, dem Lydumgård unterstellt. Ende des 17. Jahrhunderts wurde die Mühle von Lydumgård verkauft und war nun im Besitz des Müllers.

Das Bauernhaus wurde 1809 erbaut und steht noch immer.

Im Jahr 1903 wurde in der Mühle ein kleines Gleichstromkraftwerk eingerichtet, so dass es hier sowohl eine Getreidemühle als auch ein Kraftwerk gab. Darüber hinaus gab es auch einen Lebensmittelladen.

Später wurden die Mühle und der Lebensmittelladen verkauft. Das Kraftwerk wurde ausgebaut, und das Mühlengebäude wurde zu einer Maschinenhalle für das Kraftwerk umgebaut.

Im Jahr 2003 wurde die Stromerzeugung eingestellt, und im selben Jahr wurde der "Verein Lydumer Mühle" mit dem Ziel gegründet, die Lydum Mühle als Mittelpunkt für Geschichte, Kultur und Naturerlebnisse zu sichern.

Darüber hinaus wird der Verein über die Lydum Mühle als jahrhundertealte Wassermühle, als Demonstrationsanlage für die Stromerzeugung zu Beginn der Industrialisierung in den frühen 1900er Jahren und als Erholungsgebiet für Einheimische und Touristen berichten.

Schüler und andere Interessierte können das Gelände als Schullandheim nutzen, wo sie lernen, die Kräfte der Natur zur Stromerzeugung zu nutzen.

Es wurden ein Lunchpakethaus und Unterstände für jedermann sowie ein kleiner Hafen errichtet.

ÅVEJ 31, 6830 NØRRE NEBEL

34 LUNDE BERGFRIED

Das königliche Gasthaus

An der Ecke von Lundtangvej und Barfredsvej wohnte der dänische König, wenn er sich in diesem Teil Dänemarks aufhielt. Hier wohnte er mit seinem großen Gefolge, wenn er den westlichsten Teil des Königreichs bereiste.

Das Wort "barfred" kommt vom deutschen Wort "Bergfried", das eine befestigte Anlage oder einen Schutz bedeutet. Es kann auch "Kongsherberg" bedeuten.

"Barfrede" findet sich in Quellen aus dem 16. Jahrhundert über königliche Herbergen, die manchmal auf oder in der Nähe von Pfarrhöfen lagen. Das passt gut zu dem Ort in Lunde, denn früher gab es hier auf dem Gelände ein Pfarrhaus.

Für den König war es wichtig, dass er und sein Gefolge auf Reisen einen guten und sicheren Ort zum Übernachten hatten.

Aus dem Mittelalter sind nur noch die Überreste eines Steinkellers erhalten, und es ist nicht bekannt, wie Lunde Barfred damals aussah.

König Christian III. hielt sich hier 1537 einen Tag lang mit seiner gesamten Kavallerie auf. Es geschah auf seiner langen Reise von Ribe nach Aalborg. Die Reiseroute des Königs ist für diese Reise erhalten geblieben.

Unterwegs machte er Halt in Bryndum, Varde, Lunde, Lundenæs, Ringkøbing, Ulfborg/Thim, Holstebro, Lemvig, Lerup, Ingstrup und Børglum.

Die Versorgung des Königs und seines Gefolges mit Speisen und Getränken war für die Gemeinde sehr kostspielig, und es ist eine Liste erhalten geblieben, in der aufgeführt ist, was für die Übernachtung in Lunde Barfred auf der Reise 1537 benötigt wurde.

Sie enthielt unter anderem: 11/2 Ochsenkadaver, acht Schafskadaver, 30 Hühner, ein halbes Fass Salz, 30 große trockene Kabeljaue, 300 trockene Flundern, 300 trockene Wittlinge, ein Fass Butter, 10 Schweinehälften, 40 Fässer Bier, 100 Fässer Hafer, frischer Fisch, Eier, Zwiebeln, Grütze, Brot und Ställe, Heu und Strohfutter für 280 Pferde.

Neben den Überresten des Kellers befindet sich eine Gedenkstätte für Lunde Barfred.

LUNDTANGVEJ 57, 6830 NØRRE NEBEL

35 VRØGUM KÆR MOOR

Das Moor mit den vielen Gesichtern

Im Jahr 2005 kaufte die dänische Naturstiftung Vrøgum Kær, um ein Stück der einzigartigen Natur der Gegend zu erhalten.

Die Geschichte von Vrøgum Kær ist mit der Geschichte des Filsø Sees verbunden. Vrøgum Kær umfasst unter anderem das Südufer des ursprünglichen Filsø See.

Ursprünglich war der Filsø See viel größer als heute, aber durch die Entwässerung ab Mitte des 19. Jahrhunderts bis heute wurde die Größe des Sees von etwa 3.000 Hektar auf 600 Hektar reduziert. Die Spuren der Entwässerung sind in Form von terrassenförmigen Hängen zu sehen.

Der Vrøgum Kær hat ein starkes Gefälle im Gelände, und ganz im Süden gibt es Binnendünen, die durch Fliegendünen entstanden sind, die später durch Niedermoorgebiete und Mosaike verschiedener anderer Lebensraumtypen ersetzt wurden.

Schlechte Moore sind feuchte und nährstoffarme Gebiete mit saurem Boden.

In dem Gebiet gibt es auch Übergangsmoor, das etwas nährstoffreichere Böden als das Niedermoor aufweist.

Das Niedermoor wird auch durch versickerndes Grundwasser beeinflusst, das unter Druck steht und besondere Wachstumsbedingungen für einige Pflanzenarten bietet.

Im hohen Norden gibt es Gebiete mit extrem nährstoffreichem Niedermoor, das in Westjütland ein seltener Lebensraumtyp ist.

Ein reiches Niedermoor ist ein Lebensraumtyp, der aus Mooren und Wiesen mit wassergesättigtem Boden und kalkhaltigem Grundwasser besteht. Eine seltene Variante des Flachmoors ist das extreme Flachmoor, das auf besonders kalkhaltigem Boden vorkommt.

Folgen Sie dem markierten Weg mit den weißen Pfählen, um die sumpfigsten Bereiche zu vermeiden. Die Pflanzen dürfen nicht ausgegraben und die Blumen nicht gepflückt werden. Es wird empfohlen, Gummistiefel zu tragen, da der Weg an manchen Stellen etwas sumpfig sein kann.

TELEFONVEJ, 6840 OKSBØL

36 KÆRGÅRD BAKE

Das zweite südlichste Bake

In der großen Dünenplantage Kærgård befindet sich das zweite südlichste der verbliebenen Bake.

In Kærgård wurde der 12 Meter hohe Bake auf einer Sanddüne etwa 300 Meter vom Meer entfernt errichtet.

Südlich des Bakes in Kærgård befindet sich der südlichste der verbliebenen Baken, der Ringebjerge Bake.

Ursprünglich wurde in der Nähe des heutigen Leuchtturms Blåvandshuk ebenfalls ein Bake errichtet. Damals war es der südlichste Bake an der Westküste Jütlands. Sie hatte jedoch nur eine sehr kurze Lebensdauer.

Nur zwei Jahre nach ihrer Errichtung wurde sie in eine Bake umgewandelt, eine etwas andere Art von Bake mit einem Leuchtturm an der Spitze. Im Jahr 1900 ersetzte der neu gebaute Leuchtturm Blåvandshuk das Leuchtfeuer.

Wie bereits erwähnt, wurden zwischen 1884 und 1885 an der Westküste Jütlands 25 Baken aufgestellt.

Das Schicksal der Baken war unterschiedlich. Die erste, die verschwand, war die Bake in Blåvand. Das gleiche geschah mit der Bake in Rubjerg Knude, als der Leuchtturm Rubjerg 1900 in Betrieb genommen wurde. Als 1906 der Leuchtturm Lyngvig in Betrieb genommen wurde, geschah dasselbe mit dem Bake in Klegod.

Der Bake in Bulbjerg wurde 1915 entfernt, als das neu gebaute Bulbjerg Badehotel ihn überschattete.

Andere Baken wurden entfernt, nachdem sie beschädigt und nicht wieder aufgebaut worden waren. Dies war der Fall bei den Baken in Bjergehuse, Thyborøn, Agger und Klitmøller. Die Baken von Tversted und Spirbakken wurden aus anderen Gründen entfernt.

Während der Besatzungszeit entfernten die Deutschen die Baken in Svinkløv, Blokhus (2006 wieder aufgebaut), Kjettrup und Kandestederne.

KÆRGÅRDVEJ 9B, 6840 OKSBØL

37 DIE SANDIGEN EICHEN

Der unterirdische Wald

In der Dünenplantage Kærgård haben sich die Eichen an die rauen Bedingungen der Westküste angepasst.

Unten im Sand der Dünen wächst ein unterirdischer Eichenwald, und das Gewirr aus neuen und alten Eichen und Ästen, das man an dieser Stelle der Dünenplantage sehen kann, sind die Wipfel dieser jahrhundertealten Eichen.

Im Laufe der Zeit wurden die alten Eichen von Flugsand bedeckt und allmählich unter Sand begraben.

Im Frühjahr kann man Unterschiede in den Farben des Laubes und dem Zeitpunkt des Laubwechsels sehen, da die neuen Triebe von verschiedenen Eichen unten im Sand der Dünen stammen.

Der Sand bewegt sich bei starkem Wind nicht so leicht wie anderswo.

Während der deutschen Besatzung Dänemarks von 1940 bis 1945 wurden die Eicheln der Eichen zur Herstellung von Ersatzkaffee verwendet, schließlich war das besser, als auf den Kaffee zu verzichten.

Die rote Wanderroute von etwa zwei Kilometern führt an den Sandigen Eichen vorbei.

Wenn Sie auf der gelben Wanderroute weitergehen, kommen Sie am Gråmulebjerg vorbei, einer 30 Meter hohen Düne mit einer beeindruckenden Aussicht auf die Landschaft, und es gibt auch eine grüne Wanderroute von etwa drei Kilometern, die weiter draußen am Wasser beginnt.

Die Wanderroute mit dem Namen Kærgård Strandsti regt zum Nachdenken an, denn sie führt durch eines der am stärksten verschmutzten Gebiete Dänemarks.

Zwischen 1957 und 1973 leitete das Kraftwerk Grindsted hier rund 300.000 Tonnen giftige Abwässer ein. An diesem Teil der Westküste gilt ein Badeverbot. Es wurden Informationstafeln über die Verschmutzung und die Reinigung des Gebiets aufgestellt.

KÆRGÅRDVEJ 9, 6840 OKSBØL

38 FILSØ SEE

Die moderne Brücke im neuen See

Im Jahr 2010 hat Aage V. Jensen Naturfonden das Gebiet hinter den Dünenreihen am Henne Strand gekauft.

Damals gab es hier nur Felder, und Naturfonden wollte den Filsø See wiederherstellen, der im Laufe der Jahre durch die Entwässerung immer kleiner geworden war.

Um den See wiederherzustellen, wurde die Trockenlegung eingestellt, Deiche wurden entfernt und Entwässerungsgräben zugeschüttet.

Der Filsø See ist heute nur noch ein Drittel so groß wie vor zweihundert Jahren.

Der Wasserstand des Sees beträgt etwa ein bis drei Meter, die Vögel sind zurückgekehrt und heute brüten etwa 70 verschiedene Vogelarten im See.

Filsø See wurde ausgewählt, um Teil eines Projekts zu sein, das die Natur durch hochwertige architektonische Besucherzentren vermittelt und vorstellt.

Es wurden eine neue Zufahrtsstraße zum See und ein neuer Parkplatz gebaut. Außerdem wurde ein Besucherzentrum mit Ausstellungen, Unterrichtsräumen, Picknickplätzen und Toiletten errichtet.

Das Besucherzentrum ist der Ausgangspunkt für eine schöne elliptische Brücke, die die Besucher auf eine Tour durch Dünenheide, Sumpf und nicht zuletzt den Filsø See führt.

Die Brücke ist eine Zusammenarbeit zwischen den Landschaftsarchitekten Schønherr, Realdania, der Aage V. Jensen Naturfond und die dänische Naturbehörde.

Etwa 300 Meter südlich der Brücke befindet sich ein langer Damm, der den See teilt.

Es ist empfehlenswert, auf ihm spazieren zu gehen und die Aussicht auf den Filsø See und die umliegenden Felder zu genießen.

KÆRGÅRDVEJ 20, 6854 HENNE

39 HENNE MØLLE Å FLUSS

PH's Badehotel

Südlich von Henne liegt die Henne Mølle Å (Fluss), die in Filsø (See) entspringt und in die Nordsee mündet.

Der Fluss verändert sein Aussehen je nach Jahreszeit, Wind, Wasserstand und Strömung. Nach einem starken Sturm mit viel Regen steigt der Wasserstand natürlich an, wodurch auch viel Sand aus den Dünen ins Meer getragen wird.

Nach einem Sturm war der Abfluss zur Nordsee verstopft, was zu großen Überschwemmungen in der Gegend führte, da das Wasser nicht ins Meer abfließen konnte.

In der Nähe des Abflusses, hinter den Dünen, liegt das schöne Badehotel Henne Mølle Å.

Die Geschichte des Badehotels begann Anfang der 1930er Jahre. Während eines Urlaubs in Henne Strand hatte die Kopenhagener Köchin Othillia Thorup die Idee, hier ein Badehotel zu errichten.

Gemeinsam mit ihrer Schwester Thekla Thorup und dem Architekten Poul Henningsen entwarf sie 1935 das Hotel am Meer.

Als das Hotel gebaut wurde, gab es noch keinen Strom, so dass die berühmten Poul Henningsen Lampen im Hotel zunächst nicht verwendet werden konnten. Viele Jahre später wurden jedoch die berühmten Lampen installiert.

Während des Krieges beschlagnahmten die Deutschen das Badehotel, wie sie es mit den meisten Badehotels an der Westküste taten.

1948 starb eine Schwester, aber die andere Schwester führte das Hotel bis 1954 weiter. Danach wurde es an ihren Neffen Svend Thorup verkauft, der das Hotel sofort an seine Frau weitergab, die es bis 1986 führte.

Im Jahr 1987 wurde es von De Frie Firmafunktionærer übernommen, die es heute als Strandhotel, Restaurant und Kurszentrum betreibt.

HENNEMØLLEÅVEJ 6, 6854 HENNE

40 BLÅBJERG GEDENKSTEIN

"Wo ein Wille ist, ist auch ein Weg"

1908 wurde ein großer Bornholmer Granitstein auf der Spitze der Düne hier in der Blåbjerg Plantage aufgestellt.

Der Stein wurde von Bornholm nach Esbjerg gesegelt und dann mit einer Pferdekutsche hierher transportiert, um an den Kammerherrn Thyge de Thygeson (1806-1905) zu erinnern, der viele Jahre lang die Bepflanzung der Blåbjerg Plantage leitete.

Auf der Vorderseite des Steins ist eingemeißelt: "Klitinspektør Kammerherre Thyge de Thygeson (1806-1905) leitete die Bepflanzung der Düne vierundvierzig Jahre lang" Auf der Rückseite des Steins steht: "Wo ein Wille ist, ist auch ein Weg".

Die Blåbjerg Klit ist mit rund 64 Metern Höhe die höchste Düne Dänemarks.

Sie befindet sich im südlichen Teil der Blåbjerg Klitplantage, und die Bezeichnung Düne ist etwas irreführend, da es sich eigentlich um einen mit Sand bedeckten Moränenhügel handelt.

Sie wurde früher als Seezeichen genutzt, da sie vom Meer aus sehr gut sichtbar ist.

Die Düne wurde auch als Bakenhügel genutzt, auf dem ein Feuer entzündet werden konnte, um z. B. Gefahr zu signalisieren.

Während der Besatzungszeit richteten die Deutschen auf der Spitze einen Beobachtungsposten ein und bauten auch Bunker im Inneren der Düne.

Von der Spitze der Düne aus hat man eine beeindruckende Aussicht, und bei klarem Wetter kann man angeblich viele Kirchtürme sehen. Man kann die Spitze des Doms von Ribe, Henne Strand im Süden und Tipperne und den Ringkøbing Fjord im Norden sehen.

Im Südosten kann man Filsø und die Henne Kirche sehen. Die Blåbjerg Plantage ist ein beliebtes Ausflugsziel wegen der reichhaltigen Tier- und Naturwelt. Es gibt viele markierte Wander- und Radwege.

HIMMELVEJEN, 6830 NØRRE NEBEL

41 DAS SOLDATENGRAB

Von den Kameraden im Stich gelassen

Die Moral unter den deutschen Soldaten war im Frühjahr 1945 gering, denn niemand konnte daran zweifeln, dass Deutschland den Krieg verlieren würde.

Das galt auch für einen Zug deutscher Soldaten hier in Westjütland. Sie waren im Hjortehuset in Blåbjerg Klitplantage einquartiert.

Während der Besatzungszeit gab es in der Gegend ein Barackenlager. Es handelte sich um ein kleines Lager mit drei bis vier Baracken für die Unterbringung von Infanteristen, die für die Sicherung der Küste bei Houstrup Strand zuständig waren.

Am Abend des 2. Mai 1945 hatte der Zug beschlossen, seinen Kommandanten zu überwältigen und zu fliehen.

Wer die Meuterei angeführt und angestiftet hat, ist nicht sicher bekannt, aber es wird angenommen, dass es sich um einen Gefreiten mit dem Nachnamen Zühler handelt. Er war erst kürzlich dem Zug beigetreten.

Am nächsten Morgen griff Zühler den führenden Kommandanten an. Leider bekam der Rest des Zuges kalte Füße und ließ ihn im Stich.

Der Gefreite wurde im Kampf mit dem Kommandeur erschossen, und seine Leiche wurde hier vor Ort eilig verscharrt und durfte bis 1986 dort liegen, da die dänischen und deutschen Behörden sein Grab nicht registriert hatten.

Erst Mitte der 1960er Jahre erfuhren die deutschen Behörden von der Existenz seines Grabes und erhielten von den dänischen Behörden die Erlaubnis, seine sterblichen Überreste auszugraben und sie auf den großen Flüchtlings- und Soldatenfriedhof in Oksbøl zu überführen.

Auf seinem Grabstein steht einfach "Ein ubekannter deutscher Soldat".

HOUSTRUP STRANDVEJ 21, 6830 NØRRE NEBEL

42 PARADIESPFAD

Paradies befindet sich in Houstrup Strand

Die Wanderung beginnt am Parkplatz in Houstrup Strand. Folgen Sie der markierten Route entlang des Houstrup Strandvej zurück. Wenn Sie Paradisstien (Paradiespfad) erreichen, biegen Sie nach Norden in die innerste Dünenreihe ab.

Paradisstien schlängelt sich am Rande der Dünenplantage durch die Dünen, und hier erleben Sie die besondere Natur Westjütlands.

Nach etwas mehr als einem Kilometer atemberaubender Wanderung biegt er nach links in Richtung Meer ab. Am südlichsten Dünensee führt eine Brücke über das Wasser, und von hier aus geht es auf einem gut ausgebauten Weg entlang des Sees zurück nach Gabsandet.

Es empfiehlt sich, langsam zu wandern und die schöne Landschaft auf dem Rückweg zu genießen, da es unterwegs immer wieder Gelegenheit gibt, grasende Rinder zu sehen und Wasser zu trinken.

Zurück am Parkplatz können Sie zum Houstrup Strand hinunterlaufen und dort baden

Das Gebiet um Houstrup Strand hat breite Strände mit hohen Dünen und viel Schutz. Trotz der tosenden und erfrischenden Nordsee wurde der Strand von Houstrup mit der Blauen Flagge ausgezeichnet.

Einige hundert Meter südlich des Strandes beim Parkplatz befindet sich ein offizieller Freistrand. Das bedeutet einfach, dass man hier nackt schwimmen kann, wenn man Lust dazu hat.

Houstrup Strand wird im Sommer nicht von Badegästen überrannt, aber das liegt nicht daran, dass er nicht attraktiv ist. Sie ist nur bei dänischen und ausländischen Touristen nicht sehr bekannt.

Die ganze Gegend um Houstrup Strand ist im Allgemeinen unglaublich schön und bietet eine sehr abwechslungsreiche Natur.

HOUSTRUP STRANDVEJ 31, 6830 NØRRE NEBEL

43 LØNNE ALTER FRIEDHOF

Sand und Wasser zerstörten die alte Kirche

Im Jahr 1904 wurde die heutige Lønne Kirche gebaut. Sie ersetzte die alte Kirche, die sich 200 Meter südlich der heutigen Kirche befand.

Die Legende besagt, dass die alte Kirche zweimal versetzt wurde und dass ein böser Troll den Kirchturm umstürzte.

Die alte Kirche wurde 1903 abgerissen und 1904 wurde eine neue Kirche gebaut. Die mittelalterliche Kirche war durch die jahrelange Sandverwehung und das Wasser abgetragen worden. Sie war aus Strandstein, Tuffstein und Granit gebaut und hatte keinen Kirchturm.

Die Gemeinde Lønne war eine sehr arme Gemeinde und konnte sich den Unterhalt der Kirche nicht leisten.

Ende des 16. Jahrhunderts waren die Sandbänke so hoch, dass sich die Gemeinde einen Weg in die Kirche graben musste. Als sie schließlich in die Kirche gelangten, umgab das Grundwasser die Füße der armen Gemeinde.

Der alte Friedhof durfte bestehen bleiben, als die neue Kirche gebaut und ein neuer Friedhof angelegt wurde.

Der Standort der alten Kirche ist auf dem Friedhof markiert.

Ein ehemaliger Priester der alten Kirche, Jens Hansen Rusk, hatte die zweifelhafte Ehre, 1611 wegen Hexerei verbrannt zu werden.

Der 30-jährige Priester konnte seinen Lebensunterhalt nicht als Priester bestreiten und trat deshalb auf Märkten als weiser Mann auf, der Krankheiten heilen konnte.

Das war nicht ungefährlich, und leider wurde er am Ende von den Behörden als Zauberer beschuldigt. Sein Name steht auf der alten Kanzel, die jetzt in der neuen Kirche steht.

1947 wurde auf dem neuen Friedhof von Lønne ein Gedenkstein für die deutschen Flüchtlinge aufgestellt, die hier 1945-1946 begraben wurden.

HOUSTRUPVEJ 131, 6830 NØRRE NEBEL

44 HATTEBJERGET

Hier kann man den Sonnenuntergang genießen

Der Gipfel dieser hohen Düne in der Nyminde Plantage heißt Hattebjerget. Auf ihr wurde eine hölzerne Aussichtsplattform errichtet.

Die Nyminde Plantage liegt am östlichen Rand des Nymindestrømmen.

Im Norden grenzt sie an Nymindegab und im Süden an die Blåbjerg Plantage.

Im Osten grenzt sie an große Ferienhausgebiete. Zur Nordsee hin gibt es Latschenkiefern, und hinter den Latschenkiefern gibt es normale Kiefern.

Der nördliche Teil der Plantage wurde im Jahr 1890 angelegt.

Zusammen bilden die beiden Plantagen Blåbjerg und Nyminde eine der größten Plantagen an der Westküste mit einer Fläche von rund 3.500 Hektar, wovon etwa die Hälfte bewaldet ist und die Größe der Plantagen etwa 4.900 Fußballfeldern entspricht.

Zwischen dem Hattebjerget und der Nordsee liegt der Nymindestrømmen, der heute wie ein kleiner, länglicher See hinter dem Strand aussieht. Der Nymindestrømmen ist der Überrest der alten Mündung des Ringkøbing Fjords und war einst ein durchgehender "Fluss" des Fjords.

Gammelgab ist am weitesten südlich gelegen. Der Name Gammelgab leitet sich von der alten Mündung des Ringkøbing Fjords ab, wo das Wasser des Fjords einst in die Nordsee floss. Als der Kanal bei Hvide Sande 1931 in Betrieb genommen wurde, versandete die alte Lücke, und das Wasser wurde in die Nordsee geleitet, statt hier auszulaufen.

Um zum Hattebjerget zu gelangen, folgen Sie den Schildern "Hattebjerget" entlang der Straße. Von der Straße aus führt ein Weg zum Hattebjerget, auf dem man etwa 500 Meter zurücklegen muss.

Der Hattebjerget ist der perfekte Ort, um den Sonnenuntergang und ein spätes Picknick mit einem Glas Rotwein zu genießen.

ULVEDALVEJ, 6830 NØRRE NEBEL

45 RETTUNGSSTATION NYMINDEGAB

Von hier aus wurden viele Menschenleben gerettet

Die Rettungsstation in Nymindegab wurde seit ihrer Gründung im Jahr 1857 mehrmals verlegt, da sich die Landschaft immer wieder veränderte.

Der Ringkøbing Fjord war ursprünglich eine Bucht, aber von Süden und Norden kamen Landzungen hinzu, die den Fjord nach und nach von der Nordsee abschnitten.

Um 1650 gab es eine Mündung in das Meer bei Sønder Haurvig, aber die Mündung, Gabet genannt, wurde im Laufe der Zeit weiter nach Süden verlegt. Im Jahr 1730 befand sich die Mündung bei Bjerregård. Im Jahr 1800 lag sie bei Nymindegab und endete schließlich um 1845 bei Houstrup Strand.

Der Gabet, der in 200 Jahren 15 Kilometer zurückgelegt hatte, versandete allmählich, und ab dem späten 19. Jahrhundert wurden Kanäle ausgehoben, die ebenfalls regelmäßig versandeten, so dass die Rettungsstation zu Beginn ihrer Geschichte mit dem Gabet verlegt werden musste, um den Zugang zur Nordsee zu gewährleisten.

Es wurde 1892 an seinen heutigen Standort verlegt und konnte von hier aus auf die Nordsee hinausfahren. Man brauchte vier große Zugpferde, um das Rettungsboot zu Wasser zu ziehen.

12 Retter und vier Reserveretter waren der Rettungsstation zugeteilt.

Die Rettungsstation war bis 1966 in Betrieb, durfte aber bis 1975 als Raketenstation weitergeführt werden, und von der Rettungsstation Nymindegab aus wurden viele Menschenleben gerettet.

Rund 125 Menschen retteten mit Hilfe der mutigen Retter ihr Leben. Etwa die Hälfte wurde allein durch das Rettungsboot gerettet, ein Viertel wurde durch Raketen mit Leinen gerettet, die von der Küste aus abgefeuert wurden. Das letzte Viertel wurde sowohl mit dem Rettungsboot als auch mit Raketen gerettet.

In der Rettungsstation steht Dänemarks ältestes Rettungsboot, das vollständig mit Raketen, Rettungsleinen und einem Rettungsstuhl ausgestattet ist. Das Rettungsbootmuseum ist Teil des Museums der Stadt Varde.

REDNINGSVEJEN 71, 6830 NØRRE NEBEL

46 DIE JAGDHÜTTEN

Umstrittene Jagdhütten

Normalerweise gibt es in der Nähe eines wichtigen Vogelschutzgebiets keine Jagdhütten. Aber hier in Værnengene ist das anders.

Das Gebiet ist nicht sehr alt. Vor einigen hundert Jahren begannen natürliche Veränderungen an der Mündung des Fjords in das Meer stattzufinden.

Das Wasser floss südlicher als zuvor, und das veränderte auch die Landschaft. So entstand im südlichen Teil des Ringkøbing Fjords eine Halbinsel, die Tipper-Halbinsel.

Auf dem nördlichsten Teil der Halbinsel befindet sich das Vogelschutzgebiet Tipperne, das für viele seltene Zugvögel sehr wichtig ist.

Der südlichste Teil der Halbinsel, Værnengene, ist der Tipperne sehr ähnlich. Im Gegensatz zum Vogelschutzgebiet wird hier jedoch die Vogeljagd betrieben, und es gibt ein Gebiet mit alten Jagdhütten, Værnhytterne.

Viele Jahre lang bauten Jäger und Fischer hier kleine Jagdhütten. Sie wurden aus allen verfügbaren Materialien gebaut, z. B. aus recycelten Materialien von abgerissenen Gebäuden, Abfallholz oder Holz, das an der Küste angeschwemmt worden war.

Als das staatliche Gebiet Tipperne 1928 unter Schutz gestellt und als Vogelschutzgebiet ausgewiesen wurde, begann der Streit um die Jagdhütten erst so richtig. Viele Jahre lang waren die Jagdhütten auf dem in Privatbesitz befindlichen Værnengene den Naturschutzbehörden ein Dorn im Auge.

In den 1970er Jahren wurde auch Værnengene unter Schutz gestellt, und die Naturschutzbehörden ordneten an, die Jagdhütten bis 1995 zu entfernen. Nach jahrelangem Streit durften die Jagdhütten als schützenswertes Kulturdenkmal erhalten bleiben.

Im Gegenzug durften die 327 Jagdhütten weder ausgebaut noch mit Strom- und Wasseranschlüssen versehen werden. Die meisten der Jagdhütten werden noch immer als Jagdhütten für die Vogeljagd in der Region genutzt.

TIPPERVEJ 3, 6830 NØRRE NEBEL

47 LILLE MJØL BRÜCKE

Die krumme Brücke zum Fjord

Die Jagd- und Fischerhütten in diesem Gebiet, Værnhytterne, entstanden spontan, als Jäger auf der Suche nach einem Unterschlupf für die Nacht waren, um zu jagen und ihre Familien am nächsten Tag zu ernähren, und primitive Holzhütten zum Schutz vor Wind und Wetter bauten.

Es gibt drei Gebiete mit Hütten: Store Mjøl, Lille Mjøl und Grønbjerg.

Das größte Gebiet ist Store Mjøl, gefolgt von Grønbjerg, und das kleinste Gebiet ist Lille Mjøl, das am Ringkøbing Fjord liegt.

In Lille Mjøl gibt es eine Brückengilde, die die Brücke von Lille Mjøl zum Ringkøbing Fjord instand hält.

Die Brücke selbst ist etwa 70 Meter lang, und es gibt eine lange Einfahrt vom Land aus, bevor die Brücke das Wasser erreicht. Der Steg ist wahrscheinlich eher für Boote als für Badegäste gedacht.

Hier kann man wunderbar sitzen und den Sonnenuntergang über dem Fjord und den Dünen hinter der Nordsee genießen. Auf der Brücke kann man tolle Fotos machen.

Der flache Ringkøbing Fjord ist der größte der westjütländischen Fjorde und ist von großen Salzwiesen umgeben.

Der Fjord ist ein sehr wichtiges Gebiet für viele Wasservögel, und zwei Drittel des Fjords sind als Vogelschutzgebiet ausgewiesen.

Im Herbst machen viele Zugvögel auf ihrem Weg nach Süden hier Halt, um Nahrung zu finden, bevor sie ins Wattenmeer oder in weiter unten gelegene Gebiete in Europa weiterziehen, wo große Gänse- und Entenschwärme rasten.

Vogelbeobachter können an guten Tagen das Glück haben, verschiedene Raubvogelarten zu sehen.

LILLE MJØL, 6830 NØRRE NEBEL

48 DIE ESE-HÄUSER

Die Hütten von Vesterhavn

Am Gabet nach Nymindegab liegt der kleine Hafen Vesterhavn, idyllisch am Ringkøbing Fjord gelegen. Hier können Sie die so genannten Ese-Häuser besichtigen.

Früher hielten sich die Fischer in der Nähe von Nymindegab auf, weil die Geografie damals noch anders war. Heute befindet sich der Übergang vom Ringkøbing Fjord zur Nordsee bei Hvide Sande, aber früher war der Übergang zum Meer hier bei Gabet.

Das Wort "ese" bedeutet, dass man Angelhaken vorbereitet und Köder daran befestigt. Normalerweise waren es die Mädchen, die diese Arbeit machten. An einem Tag konnte ein ese-Mädchen vier Tabletts mit jeweils 600 Angelhaken an drei Leinen vorbereiten. Die Männer fischten oder lieferten die Köder für die Angelhaken.

Im Frühjahr reisten die Bauernmädchen zu den Ese-Häuser, wo sie bis Ende Juni lebten und arbeiteten.

Die Ese-Häuser bestanden aus vier Hütten. Drei davon dienten als Unterkunft für die Bauernmädchen. Die vierte Hütte diente zur Aufbewahrung von Werkzeugen und für die Arbeit mit den Angelhaken.

Die Hütten waren als A-Häuser gebaut und wurden aus allen verfügbaren Materialien errichtet. Zum Teil handelte es sich um gestrandete Waren, und für den Boden wurden unter anderem alte Schiffsluken verwendet.

Drei dieser Hütten sind in Vesterhavn rekonstruiert worden. Die ursprünglichen Hütten, die Ese-Häuser, wurden vor vielen Jahren abgebaut und in das Freilichtmuseum bei Kopenhagen gebracht.

Am Fjord liegt das historische Fischerboot V6 "Æ Gaf" aus dem Jahr 1913. Es ist das älteste segelfähige Fischerboot in der Gegend. Es hat einen 30-PS-Motor und wiegt fast eine Tonne. Es in Gang zu bringen, ist ein langsamer Prozess.

Das Wort "ese" ist auch ein Teil des Namens von Esbjerg.

VESTERHAVSVEJ 330, 6830 NØRRE NEBEL

FSC
www.fsc.org
MIX
Papir fra ansvarlige kilder
Paper from responsible sources
FSC® C105338